グローバル競争の進展と流通・都市の変容

佐久間英俊・木立真直 編著

執筆者

金　度渕　　斯波照雄

鎌田修全　　井上真里

河田賢一　　木立真直

佐久間英俊　塩見英治

中央大学企業研究所
研究叢書45

中央大学出版部

は し が き

　本書は中央大学企業研究所の共同研究チーム「グローバル競争の進展と流通・都市の変容」による 5 年間にわたる研究成果を公表したものである．同チームは正研究員 24 名，客員研究員 24 名，準研究員 1 名の合計 49 名の研究員（退職や就職などのため期初と期末で若干の身分変更はあるが研究員の総数は同じ）からなり，2019 年 4 月から 2024 年 3 月までの期間に共同研究を行った．

　主な研究活動としては，チーム公開研究会の開催と訪問調査があげられる．前者はチーム研究員の研究発表や，国内外の専門研究者を招いた講演などを中央大学多摩キャンパス（八王子市）で行った．後者は札幌市の中央卸売市場（2019 年度）や福岡市の JA 糸島産直市場・伊都菜彩（2020 年度），網走市の海産メーカー・北見食品（2023 年度）などを訪問し，管理者などへのインタビューと関連施設の見学などを行った．

　ただし，この 5 年間は新型コロナウイルス感染症（COVID-19）が猛威を振るった期間と重なったため，外出自粛や大学への出校停止，研究合宿・訪問調査の中止などを余儀なくされ，当初予定していた研究計画を十分には実施できなかった．

　本書は 8 つの章からなる．

　第 1 章の「レディミール購買と消費へ規定性を強める要因に関する一考察―日韓のデータ比較を通した要因分析とその特徴―」（金度渕 客員研究員）は，レディミールを対象に，日本と韓国の PB 政策を比較検討する．就業構造や肥満率も射程に入れて韓国の消費トレンドと戦略の変化を考察した上で，韓国のオンラインショップの物流に対するダメージ（過重労働など）を考察し改善策を求めている．

　第 2 章の「果実専門小売店の流通機能と国産果実の消費拡大への役割」（鎌

田修全 客員研究員）は，リンゴ産地の商品戦略と果実専門店の関係を分析している．先行研究の論点を整理した上で，自ら京浜地区の9店舗で実施した聞き取り調査にもとづいて，品揃え，販売方法，情報提供など果実専門店の販売戦略の特徴とオリジナル品種の新たな販売の可能性に言及している．

第3章の「デジタルプラットフォームとその影響」（河田賢一 客員研究員）は，プラットフォーマーのビジネスの功罪を考察している．デジタルプラットフォームの4タイプを区別した上で，変化に富む楽天の事業の特質を検討し，公正取引委員会からの事業差止問題を素材に優越的地位の濫用の有無を検討している．

第4章の「日本における流通・サービス業の低賃金構造」（佐久間英俊 研究員）は，先進諸外国と比べた日本の低賃金構造と，さらにその中において流通・サービス業の賃金が一段と低い原因を考察し，非正規雇用比率の高さ，ジェンダー不平等，中小企業・零細業者の多さと収奪，低価格圧力の強さなどの要因に原因を見出している．

第5章の「17～18世紀のバルト海におけるハンザ都市と国家」（斯波照雄 客員研究員）は，17，18世紀のバルト海沿岸の北欧国家とハンザ都市を対象にして，都市と有力国家との動向を実証的かつ総合的に評価した論考である．ズント海峡の通行税台帳をもとに，近世のバルト海貿易の商品輸送量の推移から各都市の経済力と近代都市化を考察する．30年戦争後のネーデルランドの優位持続とスペインの台頭，北欧3国への覇権の移動，主要都市の盛衰の移り変わりを動態的に跡づけている．

第6章の「日韓流通比較研究の現在と未来」（井上真里 研究員）は，1990年代後半から現在にいたる日韓流通の比較研究を検討し，今後の展望を示すものである．全体としてはマクロ研究から物流システム，消費文化，情報通信技術の活用，越境ECなどのミクロ研究へと多様化していることを押さえた上で，流通チャネル，物流，商習慣，消費者行動，政策，ICTの6つの面から比較研究の課題を明らかにし，日韓流通研究の補完の必要性，新たな課題への挑戦，理論と実践の融合などを提唱している．

第7章の「価格転嫁問題から価格・取引・分配の公正さへ─必需財としての食品を中心に─」（木立真直 研究員）は，食品の価格転嫁問題からはじめ取引・分配問題の解決を展望する．まず現実の問題を確認し，先行研究の主張の整理をした後，価格形成主体，平均原理と限界原理の適用範囲の問題などに評価を下し，食品スーパーの川上と川下対応の相違から，消費者の購買行動の限定合理性と賃金からの絶対的規定性に言及し，最後に公正取引実現に向けた論点を提示する．

　第8章の「コンビニの発展を巡る論点についての考察」（塩見英治 客員研究員）は，コンビニエンスストアの生誕，営業時間や取引慣行，PB戦略などを考察する．コンビニが誕生した前後の歴史を振り返り，事業モデルと独占禁止法との関係を考察するとともに，PB戦略の功罪を峻別し，最後にコンビニが現在直面している課題を検討している．

　本書は共同研究チームの研究成果の発表であるとはいえ，各論考についての基本的な責任はそれぞれの著者にある．読者諸賢よりご意見・ご批判など賜れば幸甚である．

　上記の感染症拡大による共同研究の中断などがあり，本書の刊行は容易ではなかった．そんな執筆者や編者を励まし，遅れがちな原稿提出を根気強く待っていただいた関係事務職員の皆さんには，本書の発刊にあたって大変お世話になった．お名前の記載は辞退されたが，ここにひと言記し感謝の意を表したい．

　2024年10月

編著者　佐久間英俊・木立真直

目　　次

はしがき

第1章　レディミール購買と消費へ
規定性を強める要因に関する一考察
──日韓のデータ比較を通した要因分析とその特徴──

金　　度　渕

はじめに……………………………………………………………… 1

1．日韓のデータ比較を通した問題の所在 ………………………… 2

2．韓国の消費トレンドと流通・マーケティングの変化 ……… 6

3．韓国におけるオンラインショッピングの拡大と物流への

　　ダメージ ……………………………………………………………… 10

おわりに …………………………………………………………… 12

第2章　果実専門小売店の流通機能と国産果実の
消費拡大への役割

鎌　田　修　全

はじめに……………………………………………………………… 19

1．品揃えに関する理論的整理と果実小売業の行動様式 ……… 20

2．果実専門小売店の販売と経営の動向 ………………………… 22

3．果実専門小売店の事例分析 ……………………………………… 25

おわりに …………………………………………………………… 29

第3章　デジタルプラットフォームとその影響

河　田　賢　一

はじめに ……………………………………………………………… 33

1．デジタルプラットフォームとその特徴 …………………… 34

2．日本のデジタルプラットフォーム事業者としての

　楽天グループ ………………………………………………… 41

おわりに ……………………………………………………………… 49

第4章　日本における流通・サービス業の低賃金構造

佐久間　英俊

はじめに ……………………………………………………………… 53

1．日本の主な業種の賃金 …………………………………… 53

2．日本の賃金推移と国際比較 ……………………………… 56

3．日本の流通・サービス業に固有の要因 ………………… 63

4．日本における近年の商品価格の高騰 …………………… 67

5．日本の流通・サービスの市場構造 ……………………… 70

おわりに ……………………………………………………………… 75

第5章　17～18世紀のバルト海における ハンザ都市と国家

斯　波　照　雄

はじめに ……………………………………………………………… 81

1．ズント海峡通航船舶数 …………………………………… 82

2．塩，鰊，穀物貿易 ………………………………………… 85

3．毛織物，ワイン，植民地物産貿易 ……………………… 92

おわりに ……………………………………………………………… 99

第6章　日韓流通比較研究の現在と未来

井　上　真　里

はじめに …………………………………………………………… 107

1．日韓流通比較研究の動向 ……………………………………… 108

2．日韓流通比較研究の現在 ……………………………………… 112

3．日韓流通比較研究の未来 ……………………………………… 115

おわりに …………………………………………………………… 118

第7章　価格転嫁問題から価格・取引・分配の公正さへ
——必需財としての食品を中心に——

木　立　真　直

はじめに——最近の価格転嫁問題とその対立軸 ……………… 123

1．価格転嫁の動向と対立する諸見解 …………………………… 125

2．公正な価格形成に関する理論的整理 ………………………… 129

3．現代流通における価格形成の変容とチャネル・リーダー
　　——大規模スーパーの価格決定力を中心に ………………… 135

4．消費者の購買行動の限定合理性と賃金からの
　　絶対的規定性 …………………………………………………… 140

おわりに——公正な価格・取引・分配関係の構築に向けて …… 144

第8章　コンビニの発展を巡る論点についての考察

塩　見　英　治

はじめに——コンビニの生誕・発展の経路・特徴・要因に
ついて ……………………………………………………………… 153

1．独占禁止法とコンビニ ………………………………………… 158

2．コンビニのPB ………………………………………………… 161

3．日系コンビニの海外展開 ……………………………………… 168

4．競争環境とコンビニ ……………………………………………… 170

第1章　レディミール購買と消費へ規定性を強める
　　　要因に関する一考察
──日韓のデータ比較を通した要因分析とその特徴──

金　　度　　渕

はじめに

　PB商品として販売されているレディミールについては多くの研究が蓄積されてきたが，これまで筆者が主にユーロモニターのデータを通して検討した結果，それぞれの国や地域にとってその事情や傾向の違いが明確になってきた[1]．近年の，日本やイギリスと比較して，どうして韓国と台湾が急激にレディミールの増大を示すようになったのか，これは販売する業態の数や規模，流通される商品群の種類と数に違いはあるものの，利用しやすい地元に根ざした店舗（業態）やオンラインショッピングでPB商品が買い求めやすく提案されることで，消費者の支持を集めている傾向が強くなっているように思われる．

　PB商品[2]は，アメリカでは「安かろう悪かろう」という印象を長く払拭できなかった．イギリスでは強力な小売サプライチェーンによってメーカー商品を超える品質を提案できた．そして，それぞれの国から影響を受けてきた日本はある種の独自のPB商品開発を進めてきたと言える．これらの国と違い，韓国と台湾には強力な支持を得られるようになった何らかの要因が別にあるのではないか，という問題意識にもとづき，本章では韓国にスポットライトを当て，日本との違いを多様な視点から検討する．

その店にしか並んでいない PB 商品を繰り返し購買させることで消費者の信頼が蓄積され，さらなる購買へとつながっていく．PB 商品は，店側の提案力に左右される購買への規定性を強める強力な商品戦略となりつつある．

1．日韓のデータ比較を通した問題の所在

まず表 1 では，日韓における商品ブランド別に見た食料品ブランドのシェア上位 10 社について確認する．データはコロナ禍のデータを含むことから，標準的な比較が難しいものの，日本と韓国の購買傾向の違いは明らかである．

第 1 に，日本の場合，PB 商品と NB（National Brand の略）商品がランキングに並ぶ中で，コロナ禍ということもあって後述するようなミールキット事業が伸びつつある．他方，韓国においては，NB メーカーの商品が多くのシェアを占めており，多くの商品ブランドの中で圧倒的にトップのシェアを保持しているのが「CJ Cheiljedang Corp」の「Bibigo」ブランドである．いまや日本の食品スーパーなどでも目にすることが多くなっているブランドで，韓国のりからキムチ，冷凍韓国餃子「マンドゥ」や冷凍キンパほか各種加工食品など，韓国食品ブランドの代名詞となっており，SNS 上でもその人気には圧倒される．また，オーストラリアやヨーロッパでもそのような韓国食品「K フード」の人気は高く，とりわけオーストラリアでは，現地企業と提携してキムチの現地生産に着手[3] するほど，世界的に K フードの認知度は高まっており，増収が続いている状況にある．

第 2 に，データのバランスが偏っていないように見える日本であるが，2022年の PB 商品が合計で 21.4%，そして Generics（ノーブランド品）のシェアが37.1% と，約 6 割がいわゆるブランドをうたうメーカー以外で生産されている状況にある．それらはコロナ禍においてもそれほど縮小していないことも確認できるが，前述のミールキット事業として「ヨシケイ」や「Kit Oisix」が上位に浮上してきている．いまや世界中でミールキット食品は普及しており，他方韓国でも，ミールキット事業は拡大している．特に「GS Retail Co Ltd」の「Simply Cook」は，成長が著しい．ここでの Simply Cook とは GS25 のアプリ

第1章　レディミール購買と消費へ規定性を強める要因に関する一考察　3

表1　日韓における商品ブランド別にみた食料品ブランドシェアの変化
（上位10社，売上高ベース）

（単位：%）

国	順位	ブランド	区分	企　業	2019	2020	2021	2022
日本	1	セブンイレブン	PB	セブンイレブンジャパン	6.5	6.2	6.0	5.8
	2	ファミリーマート	PB	ファミリーマート	4.7	3.9	3.6	3.7
	3	ローソン	PB	ローソン	4.0	3.4	3.4	3.5
	4	味の素	メ	味の素冷凍食品	2.7	2.9	2.9	2.9
	5	クノール（ユニリーバーグループ）	メ	味の素	2.5	2.6	2.6	2.5
	6	ヨシケイ	ミ	ヨシケイ	2.1	2.1	2.2	2.1
	7	ニチレイ	メ	ニチレイ	1.5	1.5	1.6	1.6
	8	Kit Oisix	ミ	オイシックス・ラ・大地	0.9	1.2	1.4	1.5
	9	Salad Club	メ	キユーピー	1.1	1.2	1.2	1.2
	10	Nissui	メ	日本水産	1.2	1.3	1.3	1.2
		その他PB商品	PB	−	8.0	8.3	8.3	8.4
		Generics（ノーブランド品）		−	38.7	36.9	36.6	37.1
韓国	1	Bibigo	メ	CJ Cheiljedang Corp	18.3	19.6	19.0	18.1
	2	Pulmuone	メ	Pulmuone Co Ltd	5.5	5.7	5.5	5.3
	3	CJ Cheiljedang	メ	CJ Cheiljedang Corp	4.0	3.7	3.7	3.5
	4	Hatban Cupban	メ	CJ Cheiljedang Corp	4.1	3.8	3.6	3.5
	5	Dongwon	メ	Dongwon F&B Co Ltd	2.7	3.3	3.0	3.0
	6	Ottogi	メ	Ottogi Foods Co Ltd	3.3	3.1	2.7	2.4
	7	Pulmuone Mandu	メ	Pulmuone Co Ltd	3.2	3.2	2.5	2.3
	8	Simply Cook	ミ	GS Retail Co Ltd	0.7	1.2	1.8	1.9
	9	Gohyang Mandu	メ	Haitai Congectionery & Foods Co Ltd	2.6	2.3	2.0	1.7
	10	Chungjungone	メ	Daesang Corp	1.4	1.4	1.5	1.6
		その他PB商品	PB	−	25.5	23.7	25.4	27.3

（注）　1. 2022年版より，「Passport 〜 Ready Meals」から「Passport 〜 *Meals and Soups*」に変更されている.
　　　2. ミールキットを主に販売するブランドについては，「ミ」と表記している.
（出所）　Euromonitor International (2022) Passport 〜 *Meals and Soups in Japan*.
　　　Euromonitor International (2022) Passport 〜 *Meals and Soups in Korea* より筆者作成.

を入手し，「私だけの冷蔵庫」というコンセプトをうたっているサービスも提供するミールキット事業となる．料理に必要とされる野菜やソース，肉類や魚類など，あらゆる食材を一切，包丁を使わずすぐに調理できる状態で包装して販売する．種類は韓国料理だけでなく，アジア料理やパスタ類，ちょっとした

おかずを作るセットやこだわりおつまみを作るセットなど，多岐にわたる．それらはいつでもアプリを通じて自宅まで宅配してもらうことが可能となっており，アプリとの連動により高い支持を得ている状況にある．

　また，近年では自宅療養を強いられている消費者へのサポートとして栄養素などを考慮して提供する企業も増えつつある．例えば，「メディ・フード」と呼ばれるもので，韓国医薬品安全庁はこのメディ・フードを「特殊医療用途食品」として定義しており，疾患を持つ人や手術後の栄養補給が必要な人へ提供される加工食品と位置づけている[4]．2020 年 11 月に関連法案が改定されたことで，韓国国内へ広く認知されることとなった．現在では，疾患などで通院を余儀なくされる人へ定期的な配送を行うサービスや，高齢者サービスの一環として定期的に自宅へ届けるサービスも行われている．もちろん研究開発は続けられており，がん患者用のメディ・フードの開発も進められており，本格的な簡便食の 1 つのカテゴリーとして確立されつつある．

　次は表 2 である．表 2 は，日韓における企業別の食料品ブランドシェアの比較である．こちらの表は先ほどの表 1 とは違い，複数ブランドを展開する企業のブランドをまとめているデータであるため，実質的な企業ブランドシェアとなる．コロナ禍においては在宅勤務が増えたことで，日本においては，冷凍食品メーカーや手軽に食べられるカップスープ系のメーカーがシェアを維持し，他方でコンビニエンスストア（以下，コンビニ）での減少が見られる．冷凍食品については，アフターコロナ期に入っても市場は拡大を続けており，とりわけ冷凍食品メーカーによる「ワンプレート冷食」開発が拡大している[5]．ワンプレート冷食とは，主食やおかずを組み合わせたもので和食や中華など，各社，競争が激化している．食品の値上げが止まらない中で，消費者にとっては買い求めやすい食品であるため，またすぐに食すことができるために支持されている．一方韓国では，コロナ禍ゆえに軒並み食品メーカーのシェアが減少しているものの，CJ ブランドが全体の約 3 割のシェアを維持しつつ，既述の Simply Cook の GS が大幅に増大し，PB 商品全般で大きな成長が見られたことが確認できる[6]．8 番目にランクインしている「Fresheasy Inc」は，コロナ前の 2016

第1章　レディミール購買と消費へ規定性を強める要因に関する一考察　5

表2　日韓における企業別にみた食料品ブランドシェアの変化
（上位10社，売上高ベース）

（単位：%）

国	順位	企　業	区分	2018	2019	2020	2021	2022
日本	1	セブンイレブンジャパン	小売	6.5	6.5	6.2	6.0	5.8
	2	ファミリーマート	小売	4.7	4.7	3.9	3.6	3.7
	3	ローソン	小売	4.0	4.0	3.4	3.4	3.5
	4	味の素	メ	2.9	2.9	2.9	3.0	2.9
	5	味の素冷凍食品	メ	2.6	2.7	2.9	2.9	2.9
	6	ヨシケイ	ミ	2.2	2.1	2.1	2.2	2.1
	7	オイシックス・ラ・大地	ミ	1.0	1.2	1.5	1.7	1.7
	8	ニチレイ	メ	1.5	1.5	1.5	1.6	1.6
	9	キユーピー	メ	1.4	1.4	1.4	1.3	1.2
	10	日本水産	メ	1.2	1.2	1.3	1.3	1.2
		その他PB商品		8.2	8.0	8.3	8.3	8.4
		Generics（ノーブランド品）		39.0	38.7	36.9	36.6	37.1
韓国	1	CJ Cheiljedang Corp	メ	28.4	29.4	29.9	29.4	28.0
	2	Pulmuone Co Ltd	メ	9.3	10.2	10.5	9.4	8.9
	3	Ottogi Foods Co Ltd	メ	13.5	10.1	9.6	8.6	8.2
	4	Dongwon F&B Co Ltd	メ	5.3	4.4	4.8	4.5	4.4
	5	Daesang Corp	メ	1.7	1.7	1.7	1.8	1.9
	6	GS Retail Co Ltd	小売	0.2	0.7	1.2	1.8	1.9
	7	Haitai Congectionery & Foods Co Ltd	メ	3.2	2.6	2.3	2.0	1.7
	8	Fresheasy Inc	ミ	0.1	0.2	0.7	1.0	1.1
	9	Korea Yakult Corp	メ	0.4	0.5	0.5	0.6	0.7
	10	SPC Samlip Co Ltd	メ	−	0.4	0.5	0.6	0.7
		その他PB商品		23.5	25.5	23.7	25.4	27.3

（出所）　表1に同じ.

年に設立された「Meal-Kit（ミールキット）」のリーダー的企業であり，徹底的にこだわった商品戦略が展開されている．例えば，ミールキットほか，「the EASYミールキット（主に1人前）」や「おかず類」，「簡便食品」，「肉類」など，多様な事業展開をしており，さらには「1個から宅配が可能」となるサービスも併せて展開している．

　以上のようなことから，日韓のデータから見える日本と韓国との違いとして

の論点は，韓国では，第1に，すでに検討した消費者の簡便食品やレディミール，そしてミールキットについての購買にはどのような変化があるのかという点，第2に，その買い物事情の変化を促す要因は何かという点，第3に，流通やマーケティング戦略はそれによってどのような変化を余儀なくされているのか，あるいはどのように消費者の志向に合わせていこうとしているのかという点をあげることができ，それらを順に確認していくことにする．

2．韓国の消費トレンドと流通・マーケティングの変化

　韓国農村経済研究院（KREI）主催で毎年開催されている「食品消費形態調査結果発表大会2022」[7] において，研究員であるイ・ゲイム教授は，研究所のデータから「過去10年間においては家庭内での食事の調理が減少し，外食や簡便食を志向，オンラインショッピングによる購買も拡大している」とし，家庭内で食事を作る世帯が2013年では89.7％であったものが2022年には63.2％に減少していることを指摘した．またオンラインショッピングについては，2013年には8.2％だったものが2022年には56.3％に増加したことを受け，「簡便性と利便性を志向する家庭の食品消費トレンドが続き，コロナ以降に加速したことがその主な要因」とした．さらに，「過去10年間，コンビニ消費が大幅に拡大し，オンラインショッピングや当日配送，定期配送の支持が大きくなった」ことも指摘し，韓国の消費トレンドを的確にまとめている．

　また，韓国の調査会社「オープンサーベイ（Opensurvey）」の「食料品購買トレンドレポート2021（N＝1,300（2021.09.30），対象は全国，20〜50代）」によれば[8]，簡便食は月に7.2回ほど利用しており，オンラインショッピングによる購買が全体の32.9％と最も高い結果が出た．ついで，大型マートが25.4％，コンビニが16.5％と続く．特に利用頻度が高い層は20代の女性で，単身世帯であった．また，簡便食品を買う理由については，「調理と食事が簡便だから」という理由が67.5％，ついで「時間と労力から考えて満足するから」が47.6％，そして「早く食べられるから」が32.9％であった．そして，ミールキットを買う場所についても，オンラインショッピングによる購買が43％と

最も高く，ついで大型マートが 32.6％であった.

　これらからオンラインショッピングによる購買が多かった理由はたまたま「コロナ禍であったから」，という理由も考えられるが，実際，アフターコロナになっても単身世代や共働き世代に対するミールキットや簡便食品の市場は拡大しており[9]，物価高騰が続いているからこそこの需要が拡大していると，各企業は新製品開発に力を入れている．例えば，ロッテウェルフード（LOTTE WELLFOOD）では，ロッテホテル・シグニエルの前総料理長とコラボし，「シェフード（Chefood）名匠ミールキット」を展開している．また，表 2 で 4 位にランクインしていた Dongwon F&B Co Ltd とミールキット専門企業の「マイシェフ」が新製品開発と販売に関わり業務提携を発表[10]している.

　このようにミールキット市場は各食品メーカーにとっては力を入れる分野であり，競争が激化している状況にあるが，それは既述のように単身世代や共働き世代の支持を集めているからである．現在韓国における単身者世帯の割合

表 3　韓国における共働きの割合の変化

（単位：千，％）

区　分	配偶者のいる家庭		共働き家庭		割　合	
	2014 年	2022 年	2014 年	2022 年	2014 年	2022 年
全体	12,049	12,691	5,331	5,846	44.2	46.1
15〜29 歳	208	157	79	79	37.8	50.1
30〜39 歳	2,179	1,604	928	870	42.6	54.2
40〜49 歳	3,352	2,879	1,732	1,588	51.7	55.2
50〜59 歳	4,328	3,339	2,070	1,844	47.8	55.2
60 歳以上	1,983	4,712	523	1,466	26.4	31.1

　（注）　（韓国統計庁による）：同居の有無は関係なく，夫婦（世帯主と配偶者）が全員就業者である家庭を意味している.
　　　　割合について＝（共働き家庭／配偶者のいる家庭）× 100.
　　　　世帯主は実質的に家庭を代表し，家計を管理する者.
　（出所）　韓国統計庁（地域別雇用調査）より.
　（参照アドレス）　https://www.index.go.kr/unity/potal/main/EachDtlPageDetail.do?idx_cd=3037
　　　　（2024 年 7 月 31 日閲覧）.

は，2000年の15.5％から2023年の35.5％に大幅に増加[11]している．また表3のように，韓国では「共働き」が増大している．その割合が統計庁のデータでは46.1％となり，これまでの記録を更新している状況にある．また，新婚夫婦の共働きの割合に限定すると57.2％（2022年）となり，前年度比2.3％の上昇となっている[12]．年代別にその割合を確認すると，10代から30代の割合が大幅に増えつつあり，その他の世代も同様に増えていることがわかる．

また，韓国における就業者の規模や失業率については，表4から確認することができる．就業人口はおよそ2890万人ほどであり，高等教育機関卒業者の就業率は69.6％に上っている．また，失業率については，とりわけ，「青年失業率の高まり」が韓国の社会問題となっていることを裏づけるように，10代から20代の失業率が顕著である．

ところで，このことがどれほど影響しているかを明らかにするのは今後の課

表4　韓国における就業者の規模と失業率

雇用形態（2024年6月現在）	規　　模	区　　分	2023年失業率（％）
就業者（千名）	28,907	全体	2.7
賃金労働者（千名）	22,264	男性	2.6
非賃金労働者（千名） （雇用人がいる自営業者，雇用人がいない 自営業者及び無給家族従事者を含む）	6,643	女性	2.8
		15～19歳	5.5
雇用率（全体，％）	63.5	20～29歳	5.9
高等教育機関卒業者就業率（全体，％）	69.6	30～39歳	2.6
高等教育機関卒業者就業率（医薬系，％）	83.1	40～49歳	1.9
高等教育機関卒業者就業率（工学系，％）	72.4	50～59歳	1.7
高等教育機関卒業者就業率（人文系，％）	59.9	60歳以上	2.6

　　　（注）　（韓国統計庁による）：①失業率＝（満15歳以上失業者数÷満15歳以上経済活動人口）×100
　　　　　　　　　　　　　　　②失業者数は，求職期間4週基準となる．
　　　（出所）　（左）韓国統計ポータル，（右）韓国統計庁（経済活動人口調査）より．
　　　（参照アドレス）　https://kosis.kr/search/search.do?query=%EC%B7%A8%EC%97%85%EB%A5
　　　　　　%A0（2024年8月2日閲覧）．
　　　　　　　https://www.index.go.kr/unify/idx-info.do?idxCd=8009（2024年8月2日閲覧）．

題としたいが，現在韓国では，「肥満」が大きな社会問題となっている．その傾向は韓国だけのことではないはず[13]だが，図1のように，韓国の肥満率は高まっている．特に男性はおよそ2人に1人は肥満であり，約20年以上もの間に大きな変化を見せてきた．とりわけ顕著な年代は，19～29歳であり，一概には言えないものの，肥満の原因が上記のような就職や失業への計り知れないプレッシャーに陥っているから，という可能性もあるのではないかと考えられる．例えば，日本肥満学会（JASSO）による「肥満，肥満症の疫学」によれば[14]，「職階の低さが肥満と関連する」という報告が国外では多いようで，韓国政府も肥満による健康被害に注意を呼びかけている状況にある．その因果関係を本章では明らかにできないものの，それぞれがまったく影響がないとは言

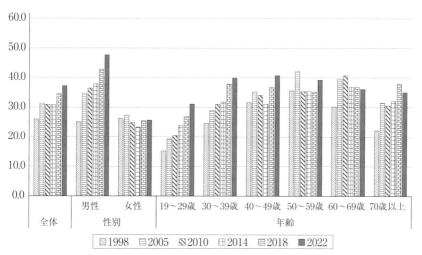

図1　韓国における肥満の割合の変化

（注）（病気管理庁による）：
①肥満率＝（満19歳以上体脂肪指数（BMI, kg/m²）25以上の回答者数÷満19歳以上の調査対象者数）×100.
②全体および性別資料は2005年推計人口基準より年齢標準化した数値である．
（出所）病気管理庁「国民健康栄養調査」および，「2022 国民健康統計－国民健康栄養調査第9期1次年度」．
（参照アドレス）https://www.index.go.kr/unify/idxinfo.do?idxCd=8021#:~:text（2024年8月2日閲覧）．

10

えないのではないかと考えている．

　このように本章の論点であった，買い物事情の変化を促す要因について，韓国国内では共働きや就業や失業，そして肥満などのいくつかの社会問題について取り上げた．肥満についてはもう少し丁寧な検討が必要[15]であるが，これらの事柄がそれぞれどのような関わりがあるのか，次節の「オンラインショッピングの拡大」を通して検討する．

３．韓国におけるオンラインショッピングの拡大と物流へのダメージ

　韓国におけるオンラインショッピングの拡大は顕著である．表5は日韓における小売業態別流通量の割合の変化を示している．すでに別稿[16]で示した2017年以降のデータとなっているが，韓国の変化は著しい．特に，インターネット小売業の項目であり，2017年の11.5ポイントから2020年に約7ポイントほど一気に増大した傾向が示されており，2022年には21ポイントまで拡大している．その反面，コンビニエンスストア，ハイパーマーケット，スーパー

表5　日韓における小売業態別食料品流通量の割合の変化

（単位：%）

	業態（上位5）	2017	2018	2019	2020	2021	2022	増減率
日本	スーパーマーケット	36.2	36.2	36.3	39.3	39.0	38.4	106.1
	コンビニエンスストア	28.0	28.3	28.5	24.2	24.0	24.7	88.2
	ハイパーマーケット	21.7	21.3	21.0	22.8	22.7	22.3	102.8
	GMS	4.5	4.4	4.3	3.6	3.8	4.0	88.9
	ヘルス＆ビューティ関連店舗	3.3	3.3	3.4	3.5	3.7	3.8	115.2
	インターネット小売業	3.4	3.5	3.7	3.9	4.2	4.3	126.5
韓国	コンビニエンスストア	29.1	30.2	29.0	27.3	26.7	27.0	92.8
	ハイパーマーケット	29.0	27.9	27.8	24.5	24.0	23.5	81.0
	スーパーマーケット	15.9	15.1	14.5	14.7	14.1	13.4	84.3
	小型ローカル食品店	9.8	9.1	8.5	8.4	7.9	7.4	75.5
	GMS	2.5	2.6	3.0	3.1	3.7	3.8	152.0
	インターネット小売業	11.5	12.3	13.8	18.4	19.9	21.0	182.6

（出所）　表1に同じ．

マーケットなどですべて減少しており，利用者の動向が変化している．

　このことに関連し，韓国の調査会社「オープンサーベイ（Opensurvey）」の「オンライン食料品購買トレンドレポート 2021（N = 1,500（2021.01.22）対象は全国，20~49 歳女性）」での調査結果[17]を確認し，現状を把握しておく．

　まず，主要なオンラインショップでの食料品の購買経験についてだが，業界1 位の「クーパン（COUPANG）」では 75.6％の人が購買経験があると回答しており，「E マートモール（54.1％）」「マーケットカリー（50.7％）」と続く．次に，「どうしてオンラインショップを利用するのか」，については，「配送が速いから（24％）」が最も多かった．興味深いのは，よく利用する配送形態についてであるが，「夜中（就寝中）配送（38.3％）」，「翌日配送（37.6％）」，「日時指定配送（35.5％）」，「当日配送（31.6％）」の順であり，それほど差がなかったものの，日本にはまだ一部しかないサービスとして「夜中（就寝中）配送」がトップとなっている．これは，就寝中，マンションの 1 階や玄関横に「置き配」しておくサービスで，近年においては，ミールキットの「朝 7 時まで配送」が一般的になりつつある．つまり，翌朝起きたら玄関においてある，ということであるが，韓国は ① マンション住まいが多いこと，② 監視カメラが多いこと，③ マンション入り口各所にセキュリティの警備があること，などから盗難の被害は多くないという．

　この「夜中（就寝中）配送」はすでにいくつかのオンラインショップが手がけているサービスとなっている．ただ近年，配送に関わる過重労働によって配送員が亡くなる事故が発生[18]し，見直しの議論が業界全体で取り上げられている．しかしながら，オンライン業者によっては少しずつ実態は変化しつつあるものの，いまだに「朝 7 時まで配送」はなくなっておらず，いわば，「忙しいという客の要望を優先するのか」，「忙しくても届けようとする配達員の労働軽減を優先するのか」，といった，どちらを選択すべきかという究極の判断がオンラインショップ業界全体に求められている状況にある．

　そのような状況が少しでも改善できるのかどうかは不明だが，「マーケットカリー」は，物流倉庫の自動化のため，IT システムの「QPS（Quick Picking

System)」を導入し1日18万件の注文を処理するまでにいたっている[19]．このシステムは，分類担当者の手元まで商品が移動してくる仕組みであり，分類作業や包装作業が簡素化されているという．業務の簡素化によって労働環境が改善されることは評価できる点であるが，そもそもの物流量の分散や軽減，もしくは根本的な改善策が導入されなければ労働環境の改善は始まらない．

おわりに

コロナ禍の韓国では，いわゆる「飲み会」や「会食」が急激に減り，「一人飯」をうたう「ホンパプ（ホンジャ＝一人，パプ＝食事，からの造語である）」という言葉が一般化した[20]．しかしそれは，食事，飲料，酒類，炊飯器や家具にいたる多様な業種が「儲かる」きっかけになるのでは？　という予想[21]があり，結果としておおよそはその通りとなった．コロナ禍においてはわれわれは「密」を回避することが義務づけられ，窮屈な生活を強いられていたが，それを逆に活用できるきっかけを企業自らが販売戦略に工夫を凝らして実現したことでホンパプ時代を作り上げることができたと考えている．しかし，韓国においても少子化によって急激な人口減少と，高齢化による高齢者支援などについて大きな社会的課題が山積されている[22]．

そのような中で韓国の食品メーカーは，国内での事業拡大を半ばあきらめ，グローバル化へ積極的な動きを見せている[23]．特にCJによるグローバル戦略は拡大しており，北米市場，東南アジア市場，そして日本市場にまで及んでいる．例えば，北米市場はシュワンズ社を早くから買収した影響からその販売網を使い，米ウォルマートや米コストコとの取引を獲得，主要な商品販売に着手している．また，日本では2019年に飲食チェーンの加工工場4カ所を買い取って生産拠点として整備している．イオンやコストコなどとの取引拡大にも乗り出している．また記事によれば，CJの食品部門の海外売上高比率は，シュワンズ買収前の2018年の13％から2022年には47％にまで高まった．海外の拠点は34カ所にも上り，海外展開で先行する日本の味の素は同比率が約6割で，それに迫っている状況にある．その他にも「辛ラーメン」を展開する「農

心（ノンシム）」，「チョコパイ」を展開する「オリオン」といった主要メーカーらもグローバル化を急いでいる状況にある．

　もちろんこれらは単にグローバル化を進めているのではない．人口減や高齢化が極端に進むという予測がたてられる中での戦略ではあるものの，既述のような「K フード」のブームとともに，韓流ブームの持続的な拡大の見込みがその根底にはある．というのも，世界の韓流ブームはそのファンが 2 億人を突破し[24]，前年度比で 25.8％も増加しているという．全体の 66％を占める地域はアジア圏で，最も多い国は中国（1 億 80 万人），次にメキシコ（2780 万人），タイ（1950 万人）と続いている状況である．単なる海外参入ではなく，こういったブームの恩恵を受けるためでもある．

　本章では，イギリスやアメリカ，そして日本と違って，なぜ韓国や台湾においてレディミール市場が急激に拡大してきたのか，それを明らかにするために日本との比較において，韓国の消費事情や社会および生活事情，そして流通・マーケティング事情から検討した結果，次のような結論を導き出した．

　第 1 に，物価高騰が続く中で，ミールキットやレディミールの高価格帯に不満はあっても，配送の「俊敏性」が功を奏して消費者の支持を得ているため，消費の急激な増大が生じている．

　第 2 に，消費者の買い物はスマホなどを活用したアプリの連動やクーポン配布が一般化し，ますますアプリを提供しているレディミールを販売する企業に規定される状況にあるため，消費拡大につながっているものと考えられる．

　第 3 に，手軽さや簡便さを自宅でいつでも獲得できる生活環境の確立は，在宅勤務や在宅療養をする人々にとっても有意義な買い物行動と言える．

　消費者の生活改善と要望に忠実に貢献し，支持が得られる優れた「食事メニュー」の商品開発が進んでおり，これらが韓国食品業界の特色であると言える．

　ただ，今回は PB 商品に限られた議論ではなく，メーカーによる商品開発の内容を含んでいる．また，残された課題として今回具体的に検討できなかった日本について別稿で改めて検討したいが，ミールキットなどは日本においても

韓国においても高価格帯となっている．これまで検討してきたことを踏まえると，日本においては他の国に比べてスーパーマーケットでのレディミール流通が高い割合を占めることが確認できているが，付加価値の高い商品の提供は価格帯も高くなる可能性があることから，「（安く品揃えしたいという）店側の品揃えの縮小」と「（スーパーでは安く買いたいという）消費者側の価格への負担増」がぶつかり合っているからこそ，結果として購買が抑制されてしまっているのではないか，という点が考えられる．今は単にメニューを提案することだけでは足りず，どのような状況の消費者にどのように食事を提案し，いかに届けて満足を与えられるのか，というプロセスまでが販売戦略に含まれなければならないことが今回，韓国の事例で明らかとなった．

1)　金（2022），45-59 ページ．
2)　前掲書．その他，以下を参照されたい．
　　金（2019），105-121 ページ；金（2020），67-85 ページ．
3)　『日本経済新聞』2024 年 5 月 16 日付．
4)　「患者食？ NO！…対応型健康食品，'メディ・フード' を知っていますか（スペシャルレポート）」『韓国毎日経済エコノミー第 2232 号の記事』より（https://www.mk.co.kr/news/economy/10871325　2024 年 8 月 2 日閲覧）．
5)　『日経 MJ（流通新聞）』2023 年 9 月 27 日付．
6)　韓国の PB 商品の成長については，金（2024），151-163 ページを参照されたい．
7)　「食品消費形態調査結果発表大会 2022」韓国農村経済研究院（KREI），資料集より（https://www.krei.re.kr/foodSurvey/selectBbsNttView.do?key=807&bbsNo=450&nttNo=161380&searchCtgry=&searchCnd=all&searchKrwd=&pageIndex=1&integrDeptCode=　2024 年 8 月 2 日閲覧）．
　　なお，大会資料はプレゼンテーションであるため，大会当日の発表内容については以下の資料を参照した．韓国ファームインサイト（https://www.farminsight.net/news/articleView.html?idxno=9967　2024 年 8 月 2 日閲覧）．
8)　「食料品購買トレンドレポート 2021」『オープンサーベイ（Opensurvey）』（https://blog.opensurvey.co.kr/trendreport/food-purchasing-2021/　2024 年 8 月 2 日閲覧）．
9)　「高物価にミールキット市場拡大…食品業界，新製品開発競争激化」『韓国青年日報インターネット新聞委員会 2024 年 6 月 2 日の記事』より（https://www.

youthdaily.co.kr/mobile/article.html?no=154946　2024 年 8 月 2 日閲覧).

10）「Dongwon―マイシェフ‘握手’…ミールキット新製品開発と流通協力」『韓国経済新聞 2023 年 1 月 11 日の記事』より（https://www.hankyung.com/article/20230 11154365　2024 年 8 月 2 日閲覧).

11）　韓国統計庁より（https://www.index.go.kr/unify/idx-info.do?idxCd=5065　2024 年 8 月 2 日閲覧).

12）　韓国統計庁『2022 年新婚夫婦統計結果報道資料』より（https://kostat.go.kr/board Download.es?bid=11815&list_no=428407&seq=3　2024 年 7 月 31 日閲覧).

13）　例えば，BBC NEWS の記事を参照されたい（https://www.bbc.com/japanese/artic les/cy9zyk89d7lo　2024 年 8 月 2 日閲覧).

14）「第 4 章 肥満，肥満症の疫学」，日本肥満学会『Guidelines for the management of obesity disease 2022（pdf 版）』（2024 年 8 月 2 日閲覧），37 ページ.

15）　これまで筆者が「肥満」について検討した内容は以下のようになる.
　　　金（2015），77-93 ページ；金（2016），319-349 ページ.

16）　金（2022）前掲書.

17）「オンライン食料品購買トレンドレポート 2021」『オープンサーベイ（Opensurvey)』（https://blog.opensurvey.co.kr/trendreport/online-grocery-2021/　2024 年 8 月 2 日閲覧).

18）　例えば，韓国 KBS ニュースを参照されたい（https://news.kbs.co.kr/news/pc/view/ view.do?ncd=7793139　2024 年 8 月 2 日閲覧).

19）「マーケットカリー・オアシス，夜中配送強者たちの大胆な物流拡張」『韓国オピニオンニュース 2021 年 3 月 2 日の記事』（https://www.opinionnews.co.kr/news/ articleView.html?idxno=47164　2024 年 8 月 2 日閲覧).

20）　詳しくは，金（2024），151-163 ページを参照されたい.

21）「一人用炊飯器・簡便食…‘ホンパプ族’全盛時代」『韓国毎日経済ニュース 2020 年 6 月 3 日の記事』（https://www.mk.co.kr/news/stock/9369842　2024 年 8 月 2 日閲覧).

22）　韓国行政安全部，報道資料（pdf）より（https://www.mois.go.kr/synap/skin/doc. html?fn=BBS_2024010908354803911&rs=/synapFile/202408/&synapUrl=%2Fsynap %2Fskin%2Fdoc.html%3Ffn%3DBBS_2024010908354803911%26rs%3D%2FsynapFile %2F202408%2F&synapMessage=%EC%A0%95%EC%83%81　2024 年 8 月 3 日閲覧).

23）『日本経済新聞』2024 年 1 月 12 日付.

24）「全世界韓流ファン 2 億名突破…グローバル大衆文化に」『韓国文化広報サービスコリアネットニュース 2024 年 3 月 15 日の記事』（https://www.kocis.go.kr/ koreanet/view.do?seq=1047820&menucode=menu0026&langCode=lang001&search Type=menu0026　2024 年 8 月 2 日閲覧).

参 考 文 献

浅井慶三郎「小売業の革新の再吟味：その2プライベート・ブランドの発展とその影響」『三田商学研究』12(5)巻，1969年，73-101ページ

木立真直「日本におけるPBの展開方向と食品メーカーの対応課題」『食品企業財務動向調査報告書』，2010年，PDF版．木立真直「日本における中食産業の発展と産業構造の多層性」，相原修編著『ボーダレス化する食』，創成社，2019年，61-87ページ

木立真直「日本における食生活の変遷と新たなトレンド―食の外部化とな可食行動の特性」，木立真直・佐久間英俊『現代流通変容の諸相（中央大学企業研究所研究叢書41）』，中央大学出版部，2019年，123-151ページ

金度渕『現代イギリス小売流通の研究―消費者の世帯構造変化と大規模小売業者の市場行動』，同文館出版，2012年

金度渕「イギリスにおけるヘルシーフードの動態と大規模小売業の取り組み―1980年代から近年に至る食料消費分析を中心に―」，佐久間英俊・木立真直編著『流通・都市の理論と動態（中央大学企業研究所研究叢書36）』，中央大学出版部，2015年，77-93ページ

金度渕「イギリスにおけるヘルシーフードの展開と食料消費構造の変化―レディミールの消費動向と所得水準別消費傾向の変化を中心に」『経営経理研究（小原博教授古希記念号）』第106号，拓殖大学経営経理研究所，2016年，319-349ページ

金度渕「小売ブランド商品研究の歴史的変遷―小売ブランド論の現代的意義」，木立真直・佐久間英俊・吉村純一『流通経済の動態と理論展開』，同文館出版，2017年，208-225ページ

金度渕「1990年代半ば以降のイギリスの食料消費の変化とレディ・ミールの多様化―購買への規定性を強める大規模食品小売業者に関する一考察」，木立真直・佐久間英俊『現代流通変容の諸相（中央大学企業研究所研究叢書41）』，中央大学出版部，2019年，105-121ページ

金度渕「小売ブランド商品をめぐる食品サプライチェーンの動向〜日韓英のデータ比較を通じた購買への規定に関する一考察」『商学論纂（斯波照雄教授古希記念論文集）』第61巻第5・6号，中央大学商学研究会，2020年，67-85ページ

金度渕「レディ・ミールを中心とした購買への規定性に関する一考察―アメリカのPB商品の現状と各国のデータ比較を中心に」『大阪商業大学論集』第18号(1)，2022年，45-59ページ

金度渕「コンビニエンスストアと消費者」，岩永忠康・佐々木保幸・西島博樹編著『流通と消費者〈日本消費経済学会創立50周年記念集第3巻〉』，五絃舎，2024年，151-163ページ

Euromonitor International (2022) Passport ～ *Meals and Soups in Japan*

Euromonitor International (2022) Passport 〜 *Meals and Soups in Korea*
その他，各参照インターネットサイトについては，注の通りである．

第2章　果実専門小売店の流通機能と国産果実の
消費拡大への役割

鎌　田　修　全

は　じ　め　に

　今日，日本の果実産地では，新品種を用いた新商品投入の取組みが積極的に行われている．この背景には，個人育種家，企業，大学に加えて，都道府県の農業試験場などが，当該産地の気候に適合的で，既存品種とりわけ競合産地の競合品種に対して特異性を有した新品種としてオリジナル品種を育種していることがあげられる．

　新規性と未知性を備える果実の新商品は，市場投入の初期には，消費者の購買を促すために，試食や商品説明，その他の情報提供を含む強力なプロモーションが必要とされる．その際，生産者・産地が消費者との直接的なコミュニケーションを展開することには限界があるため，消費者と直接の接点を持つ小売販売主体の機能に大きく依存することになる．

　果実を取り扱う主要小売業態とその販売額の現状は次の通りである．「平成28年経済センサス活動調査」によると，2016年の商品販売額は，食料品スーパーマーケットを含む各種食料品小売業は20.6兆円，百貨店，総合スーパーは12.6兆円，果実小売業は1189億円となっている．伝統的な専門小売店のシェアが低下し，食品を総合的に扱う食品スーパーのシェアが拡大してきたことの結果を確認できる．

　果実小売販売主体の特徴は，およそ次のように整理できる．もっとも大きな

シェアを占める食品スーパーの果実販売では，消費者の認知度が高く，かつ生産量が多く安定供給が可能な大規模産地の商品を中心に品揃えを行う傾向にある．またセルフ販売方式を採用するため，消費者への商品情報は，POPを通じて行われ，品種名，産地名，糖度が主たる項目となっており，新商品の差別性についての情報提供は限定的とならざるを得ない．一方，百貨店の果実売場や果実専門小売店では，食品スーパーよりも新商品を含む多様な品揃えを行い，対面販売方式により，消費者への商品情報提供などを通じて活発な提案型販売が展開されている[1]．特に，食品スーパーよりも高品質な果実を品揃えしていることが多く，消費者に対し，品種名，産地名，糖度に加えて，酸度，追熟の度合い，他産地・他品種との相違点，食べ方，さらには，産地での品種開発や生産者情報などのストーリーの伝達が対面方式を通じて日常的に行われている．

　以上から，新品種商品の販売促進機能において，果実専門小売店が食品スーパーよりも優れた機能を果たしていると考えられる．また，果実専門小売店では，果実の専門知識と取扱いスキルを持つ人材が確保されており，販売促進において重要なコミュニケーション機能を通じて，国産果実の消費拡大に積極的な役割を果たしているという仮説が提示できるであろう．

　以下では，まず品揃え形成に関する商業論の先行研究の整理を踏まえつつ，果実小売業の行動様式を整理し，次に1990年代以降の果実専門小売店の一般的動向を確認した上で，果実専門小売店への聞き取り調査結果にもとづいて事例分析を行う．

1．品揃えに関する理論的整理と果実小売業の行動様式

⑴　新品種商品の投入と小売業の品揃えへの影響

　まず，多様な新品種を含む新商品が流通市場に出回ることが，果実専門小売店の品揃えにどのような影響を与えているのか検討する．小売商における品揃え形成について高嶋（2018）は，次のような理論的整理を行っている[2]．

　小売商の品揃え形成の意思決定は，売買の「売り」に集中するか，「買い」

に集中するかによって仕入と販売に関わる知識の蓄積に相違が生じ，さらにそれにともなって競争優位性の構築方法と小売業態の特徴にも相違が生じる．小売商が「売り」に集中する場合には，まず多様な商品の仕入活動を行い「先行的に品揃えの在庫形成を行う」ため，品揃え形成の投機的局面が重視されることになる（高嶋2018，14ページ）．これに対し，小売商が「買い」に集中する場合には，まず「消費者の需要情報を収集」し，「消費者の需要に品揃えの在庫形成を近づける」ため，品揃え形成の延期的局面を重視することになる（高嶋2018，14ページ）．

　この2つのタイプを果実専門小売店と食品スーパーの果実小売行動に適用すると，果実専門小売店は，前者のタイプであり，食品スーパーは後者のタイプであると考えられる．果実専門小売店では，先行的に果実の仕入れを行い在庫形成，そして品揃え形成を行う．その商品在庫を前提に，「売り」に集中し，販売方法を調整している[3]．一方，食品スーパーでは，果実販売においてもPOS（販売時点情報管理）システムによって収集した販売に同期化するように品揃えを行うことを目指し，これを前提に「買い」に集中し仕入活動の調整を行っていると考えられる．ここでは，以上のような仮説的理解に立って考察を進めたい．

　果実専門小売店が品揃えの意思決定において，投機的局面を重視することで，いかなる知識やスキルが蓄積されるのであろうか．小売商の知識の蓄積は，通常，仕入活動への関与を通じて生じる．まず，これまでの仕入や販売の実績を踏まえて仕入量を決定するための知識が蓄積される．また，仕入先の開拓と交渉を通じて価格をはじめとする有利かつ適切な取引条件を実現するための知識と新規性ある商品の探索・調達についての知識が蓄積される．

　ただし，投機的局面を重視した仕入活動には，次のようなリスクがともなう．それは，産地の供給条件に左右されて，品揃えが不安定になることである．その結果，消費者は店頭で期待した特定の商品が手に入らない可能性が生じる．こうした事態には，来店した消費者とのコミュニケーションを通じて，代替品の商品提案を行い，むしろ顧客満足を高めることができる．果実専門小売店が

22

詳細な商品知識と販売スキルを有する人材を抱えていることで，投機的局面を重視する小売商の競争優位性が高まることになる．したがって，果実専門小売店の店主や従業員は，その知識とスキルを基礎に仕入・販売活動の両面で食品スーパーと比較して，より高度な需給接合機能を果たしていると考えられる．

(2) 果実小売業の近年における業態転換の動き

　果実小売業に関する研究は多くはないが，事例分析はいくつかある．その代表的な研究の1つである種市・宮井・齋藤 (2019) では，果実専門小売店を含む果実小売業の事例分析を行い，2つの分類を提示している．1つは，果実品質を重視した仕入れを行い，百貨店内もしくは駅前の一等地で高価格帯の商品を中心に販売し，商品知識を活用して小売活動を行う伝統運営型経営である．いま1つが，生果販売とともに果実加工品の販売やカフェなどを展開し，果実購入を目的としない顧客の取り込みを図る新規参入型経営である[4]．その上で，両者の融合が生じることで，新たなビジネスモデルが発展する可能性を指摘している．

　また，野菜・果実小売業（八百屋）の事例分析を行った二宮・濱 (2019) では，農家との個別取引交渉を通じて独自の品揃え形成を行うことに加えて，消費者に対して産地・生産者情報，食味の特徴，調理法などの商品情報の提供を対面販売を通じて行うだけでなく，実際の商品を食べ比べる試食の機会を設けて提供している事例を明らかにした[5]．

　これらの指摘からは，果実小売商について，まず伝統運営型経営の果実小売業がカフェなどの新規参入型経営の要素を取り入れることで，従来の提案型販売機能に加えて，新たな業態展開の可能性が生じていることがわかる．また，川上の生産者との直接の取引交渉を通じて商品や産地の情報を収集し，それを踏まえて，消費者に対する販促を強化している動きが確認できる．

2．果実専門小売店の販売と経営の動向

　次に果実小売業に関する統計データを検討し，果実専門小売店の一般的傾向

を明らかにする．図1は，総務省統計局「経済センサス活動調査」にもとづき果実小売業を営む法人，個人の事業所数および年間商品販売額の推移を示した．なお，本図のデータ出所である「経済センサス（活動調査）」は，2014年まで実施された経済産業省「商業統計調査」の後継にあたる統計である．「商業統計調査」の実施間隔は，1997年までが3年ごと，2002，2007，2012年調査を経て，2014年を最後に独自調査としては廃止され，2016年は「経済センサス（活動調査）」に含められて集計された．

果実小売業のうち個人事業所数は1991年11,042事業所から2012年2,966事業所（1991年比73.1%減）へ，法人事業所数も，1991年2,708事業所から2012年923事業所（1991年比65.9%減）へと減少した．これにともなって，年間商品販売額も1991年5354億円から2012年1249億円（1991年比76.7%減）へと減少した．なお，個人事業所数は2014年2,456事業所，2016年2,464事業所，法人事業所数は2014年および2016年はいずれも990事業所となり，事業所数の増加が見られた一方で，年間商品販売額は，2014年1209億円，2016年1189億円と減少した[6]．

次に，果実小売価格とそれに占める諸経費の内訳を示した図2によると小売

図1　果実小売業における事業所数，年間商品販売額の推移（1991～2016年）

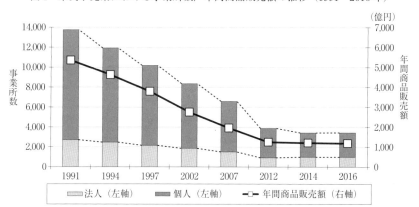

（出所）　総務省統計局「平成28年経済センサス―活動調査　産業別集計『産業編（総括表）』」より筆者作成．

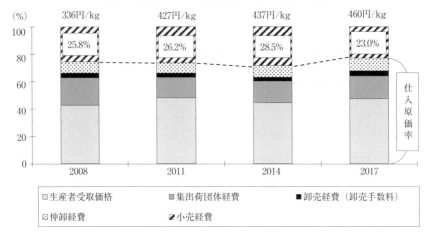

図2 果実小売価格に占める諸経費の構成（2008～2017年）

（注） 果実における調査対象品目は「リンゴ」「ミカン」の2品目である．
グラフ上段の数値は小売価格（円/kg），図中のラベルの数値は小売経費の割合である．
（出所） 農林水産省「食品流通段階別価格形成調査」より筆者作成．

　価格全体は2008年336円/kgから2017年460円/kgへと上昇した．一方，諸経費と利潤で構成されている小売経費が果実小売価格に占める割合は，2014年から2017年に5.5ポイント減少した．統計データ上の限界から，諸経費と利潤の割合は不明であるが，仮に果実小売業において諸経費の削減が進んでいないとすれば，利潤が減少し，経営状況が厳しさを増していると考えられる．

　とはいえ，果実専門小売店を取巻く状況が好転する要因も一部で見られる．1つに，果実小売業では，従来2月～4月に仕入れ可能な品目が少なく，収益の柱が見出しにくかった．しかし，中晩柑，イチゴにおいて新品種商品が次々に導入されたことで多品種化が進み，仕入れる商品の種類が増加し，新たな収益の柱が生まれた．いま1つに，新たな果実に関する商品・メニューへの消費者の関心が高まる動向も見られた．2010年代半ば以降には，「シャインマスカット」が販売数量を伸ばし，また飲食サービスにおいては「フルーツサンド」「フルーツパフェ」がメディア，SNSなどで取り上げられている．果実専門小売店では，こうした消費者ニーズへの対応をいかに進めるのかが経営改善

あるいは強化の課題となっている.

3. 果実専門小売店の事例分析

次に果実専門小売店の事例分析を行う[7]. 筆者は2024年3月にかけて京浜地域の計9店舗（法人7店舗，個人2店舗）で聞き取り調査を行った．店舗形態は，駅ビルテナント2店舗，百貨店テナント1店舗，商店街5店舗，集合住宅内1店舗であり，立地条件は，最寄駅から徒歩5分以内が8店舗，最寄駅から徒歩20分が1店舗である．また，専業経営が2店舗，複合経営が7店舗である．本章では，調査9事例のうち，中心商店街に位置し，最寄駅から徒歩5分の立地，いずれも創業から50年以上の伝統運営型経営の店舗という共通点を持った3事例を対象に分析する.

3事例のうち，A店が果実小売の専業経営，B・C店が果実小売と飲食（パーラー，カフェ）を含む複合経営である．B店は2010年代半ばにパーラーを，C店は2020年代初頭にカフェを開店しており，近年，複合経営に移行した店舗である．したがって，A店は伝統運営型経営，B・C店は，伝統運営型経営が新規参入型経営の要素を取り入れた事例である.

⑴　仕入戦略の特徴と品揃えの差別化

表1では，3事例の仕入戦略と販売方法についてまとめた．まず，仕入戦略の特徴と品揃えの差別化について検討する.

A店では，国内取扱高の上位に位置づく卸売市場の卸売業者，仲卸業者から仕入れを行う．仕入方針は，旬果中心の当用仕入を行い，価格と食味のバランスを重視しているため，仕入先ごとの数量が，毎年大きく変動するという．また，卸売市場での相対取引を活用して契約農家から契約栽培品を仕入れる市場利用型産直に取り組むことで，品揃えの差別化を図っている．契約農家の選定にあたっては，店主が複数の生産者の栽培品を実際に試食した上で生産者を絞り込み，現地視察を行い，販売時期，取引数量交渉を踏まえて契約締結し，その後，継続的に取引を行うことで安定的な仕入れが可能となっている．仕入れ

表1　A～C店の仕入戦略と販売方法

	A店	B店	C店
顧 客 層	・固定客中心	・20代後半～40代女性中心	・固定客中心 （家族連れ, 若い年代層が多い傾向）
仕 入 先	・仲卸業者	・仲卸業者 ・産地直取引	・仲卸業者 ・産地直取引
仕入方針	・旬果中心の当用仕入 ・価格と食味のバランス重視 ・契約農家との契約栽培品の仕入	・小売仕向品：当用仕入 ・加工仕向品：週末に向けてストック ・産地の規格等級・糖度計測データ, 卸売・仲卸の評価にもとづく厳選品の仕入 ・希少品種：産地直取引	・旬の先取り重視の当用仕入 ・特定市場限定ブランド銘柄 ・手頃な価格帯の商品 ・多品目・多品種の取揃え ・鮮度重視の品目, 果実加工品：産地直取引
販売方法	・店頭販売 ・ギフト発送	・店頭販売 ・ギフト発送 ・完全予約制の果実パフェの提供	・店頭販売 ・ギフト発送 ・インターネット販売 ・カフェ店舗での飲食提供
販売の特徴	・馴染客に定評のある商品は事前予約・取置販売のみでの完売もある ・契約農家への訪問を通じた成育状況, 作柄, 品質を踏まえた対面販売	・多品種を用いた果実パフェの提供 ・SNSでの商品紹介, 産地・生産者情報の提供	・頒布会, ギフト商品の工夫品種の食べ比べセット販売他店と連携した商品販売 ・SNSでの商品紹介, 産地・生産者情報の提供

（出所）　聞き取り調査にもとづき筆者作成.

にあたっては，卸売市場取引を活用して，価格形成の公正さを担保することで生産者との信頼関係を強めることを重視している．

　B店では，国内最大の卸売市場の仲卸業者から仕入れを行っている．仕入方針として，果実小売への仕向品は，当用仕入で産地規格等級，糖度計測データ，卸売・仲卸業者の評価にもとづいて厳選品を取り揃えている．果実パフェへの仕向品は，需要が多くなる週末に向けてストックを形成するように取り揃えている．B店の品揃え戦略では，新品種商品を多数取り揃えて差別化を図っている．特に，希少な新品種の取揃えに特徴を持ち，取引を行う仲卸業者数を，増加させて仕入れの安定化を図っている．さらに，イチゴ，ブドウなどの品目では産地直取引を通じた仕入れも行う．産地直取引では，店主自ら取引先を開拓し，新品種商品の市場流通量が増加する前にいち早く取扱いを始めることに取り組んでいる．このため独自の仕入れチャネルとして産地直取引の比重

が高まっている.

　C店では，国内最大の卸売市場を含む首都圏の取扱高上位に位置づく複数市場の仲卸業者に加えて産地直取引を通じて仕入れを行っている．旬の先取りを重視した果実の当用仕入を基本としつつ，常時，多品目かつ多品種を幅広く取り揃えて，価格帯にも幅を作ることで差別化を図っている．C店では国内最大の卸売市場と首都圏上位市場の2市場がメインの仕入先であり，その比率は同程度となっている．なお，仕入れ状況によっては，さらに首都圏上位市場1市場を活用する．さらに，鮮度が重要になるモモなどは産地直取引を行っている．複数の大規模な卸売市場からの仕入れによって，一度に複数の新品種商品の品揃えや，特定卸売市場にしか出回らない限定ブランド銘柄の品揃えに強みがある．

　上記の2事例では，国内最大の卸売市場を活用して，多数の新品種商品の仕入れを行っている．当該卸売市場は，建値市場としての機能を持つため，産地・生産者が新品種商品の出荷先市場に選定する傾向にあり，高品質かつ多様な品目と品種による品揃えが形成される．さらに果実専門小売店にとって新品種商品の探索，調達に適した大規模卸売市場は，産地を熟知した仲卸業者を通じて，産地情報を得ることも可能で，多数の新品種商品を含む品揃えの差別化を図るための基盤となっている．

(2) 販売方法と商品情報提供の特徴

　次に，前掲表1から，3事例の販売方法と商品情報提供の特徴を考察する．

　A店では，店頭販売とギフト発送を行っている．特に，品揃えの差別化手段となる契約栽培品については，経営者が自ら，シーズン中に生産者を訪問し，成育状況，作柄，品質の情報収集を行った上で，顧客への詳細な商品情報提供を行っている．顧客の中心は固定客となっており，特に顧客が十分に購買経験を有している商品では，事前予約，取置販売で完売することもある．

　B店では，果実小売業とパーラーでの果実ジュースと果実パフェの提供を行っている．新品種商品については，生果販売に加えて，多品種を組み合わせ

て果実パフェとして提供している．その際，果実パフェのイートイン分は完全予約制を取ることで，商品ロスの最小化を図っている．C店のカフェ業態では，多品目かつ多品種の品揃えを生かし，多様な果実を活用した飲食メニューを提供している．多数の品目，品種を組み合わせて1つの飲食メニューとして提供することで，消費者に新商品の食味や外観を食経験を通じて認識させることができている．従来，果実専門小売店が経営するパーラー，ジューススタンドは，傷んだ生果の加工利用による商品ロスの削減を図ることを主眼に発展してきた．しかし，B・C店の事例は，新品種商品を活用して独自のメニューを開発・提供する新展開ととらえられる．

　加えて，C店ではネット通販事業，頒布会事業でも消費者に新品種商品の比較を促している．C店が展開する多様なギフトには，中晩柑の新品種を複数用いたギフトセット，イチゴの新品種商品を複数用いたギフトセットなどが用意されている．新品種商品を複数含むギフトセットでは，品種ごとの商品情報を記載したパンフレットを挿入して発送しており，消費者に品種間の比較を促し，果実ごとの特徴を伝える対応が取られている．

　なおB・C店では，SNSを活用した商品紹介，産地・生産者情報の提供も行われている．SNSを活用することで，店舗側は，消費者にリアルタイムで商品情報を提供できる．消費者は店舗の投稿によって，当日の品揃えや果実商品情報を取得できる．特に，仕入れ数量が不安定な少量生産品種については，顧客がSNS投稿を踏まえて来店前に仕入れ状況を確認できるため，消費者の機会損失を防ぐことにつながる．さらに，多数の新品種商品を品揃えする場合，店舗での商品情報提供が消費者への情報過多にならないよう絞り込む必要がある．店舗からの投稿は，商品の補足情報として，消費者に情報処理の負荷をかけないよう，必要な商品情報を選択的に取り入れることを可能としている．特に，B・C店の顧客層は，果実消費が少ない若年層を中心としており，SNSを活用した商品情報提供が，若年層の果実消費拡大に対して有効であると考えられる．

おわりに

本章では，果実専門小売店を取り上げ，新品種開発などの産地の動向に対応して，小売店がその独自の流通機能を通して，国産果実消費の拡大に対して果たしている役割について考察した．事例分析となった首都圏の果実専門小売店は，卸売取扱高上位に位置づく大規模な卸売市場を積極的に活用することで，新品種を含む新規性のある新商品を調達し，差別性を訴求できる品揃え形成を行っている．また同時に，果実専門小売店独自の産地開発や生産者からの直接仕入れが品揃えの差別化に大きな意味を持っている．小売販売面では，蓄積された詳細な商品情報を基礎に，消費者に適切な情報提供を行うことで，販売促進と顧客の定着化を実現している．また，SNSでの情報発信は，商品情報が過剰になる中で，消費者の情報処理に負荷がかからない形で，店頭でのコミュニケーションを補完する役割を果たしている．さらには，果実を食材とする飲食メニューの開発・提供といった新たなビジネスモデルの開発が進んでいる．

国産果実における新品種など多様な新商品が流通市場に投入される中で，小売業による商品・産地情報の収集と消費者への情報提供の重要性は高まりつつある．果実専門小売店は，日本の果実産地が取り組む新品種による製品差別化戦略を小売段階で支援することになり，同時に，自身の品揃えによる売上の増加と経営改善につながっている．生産者・産地と小売業との連携の強化は，国産果実の消費拡大を実現する上で，重要な課題であると言える[8]．とはいえ，現状では，果実販売に占める果実専門小売店の比重は著しく小さく，消費者がこうした店舗で購入する機会は限定的である．

> 謝辞　本稿の執筆にあたっては，事例として取り上げた果実小売専門店の経営者の皆様に，長時間，複数回にわたる聞き取り調査にご協力いただいた．筆者の拙い質問に快く答えてくださり，数々の貴重な知見をいただいた．また，日本園芸農業協同組合連合会『果実日本』編集担当の皆様には果実小売専門店をご紹介いただいた．本章の最後になり誠に恐縮ではあるが，本研究へのご協力いただいた皆様に心より感謝申し上げたい．

1) 百貨店の果実売場には，青果または果実専門小売店がテナントとして出店している．
2) 高嶋（2018）を参照.
3) 松田（2017）は，小売業者における品揃え形成から「売り切り」までの過程を分析し，時間経過とともに品揃え状態が，開店時点の計画的品揃えから，欠品が生じる中で意味のあるまとまりを一定程度維持できる状態としての適応的品揃え，さらに欠品品目が増えることで意味のあるまとまりを維持できなくなる状態としての解消的品揃えを経て，営業終了時の在庫有無へと推移するとした．その上で，意味のあるまとまりを維持するための商品取扱い技術を，①計画的品揃えを行う技術としての品揃え形成と，②計画的品揃えから適応的品揃え，解消的品揃えへと変化への対応技術としての品揃え調整に分類した．さらに品揃え調整については，①主に計画的品揃えから適応的品揃えに変化する前後に営業計画の構想，修正を行う分析的商品取扱い技術と，②主に適応的品揃えから解消的品揃えに変化する前後に行う販売的商品取扱い技術とに細分化した．両者の関係性は，分析的商品取扱い技術を踏まえて，販売的商品取扱い技術として適応的品揃え段階では価格改定，売場の組み替え，解消的品揃え段階では声かけ，提案販売が重要になるとしている．
4) 種市ら（2019）を参照.
5) 二宮・濱（2019）を参照.
6) 2014 年から 2016 年の事業所数の増加は，「商業統計調査」から「経済センサス活動調査」への移行にともなって，調査対象が拡大した影響と見られる．
7) ここでの事例分析では，筆者が日本園芸農業協同組合連合会『果実日本』における「小売店訪問」で考察した中から，注目される事例のみを取り上げている．なお，同誌では各地の果実専門小売店を訪問し，その特徴を調査した「小売店訪問」という企画がある．同企画は 400 回以上にわたり掲載されており，果実専門小売店の実態に迫る上で重要な研究資料となっている．
8) 本章では，果実専門小売店に焦点化したものの，食品スーパーの品揃え形成と販売方法の特徴については言及できていない．国産果実の消費拡大は，高級品である新品種の消費拡大だけでは限定的であり，中級品，普及品による大量消費に応える国産果実の生産と流通が必須である．こうした品目，品種についての販売主体として食品スーパーの果たす役割の考察は今後の課題とする．

参 考 文 献

石原武政『商業組織の内部編成』，千倉書房，2000 年

高嶋克義「品揃え形成概念の再検討」『流通研究』第 2 巻第 1 号，1999 年，1-13 ページ

高嶋克義「品揃え形成における投機的局面と延期的局面」『JSMD レビュー』第 2 巻第 1 号，2018 年，13-21 ページ

種市豊・宮井浩志・齋藤美紗子「消費減少下における果実小売業の継続要件とマーケティング戦略に関する一考察『新規参入型経営』と『伝統運営型経営』の比較検討」『企業経営研究』第 22 巻，2019 年 5 月，125-139 ページ

二宮麻里・濱満久「独立零細小売商による経験価値の提供」『マーケティングジャーナル』第 38 巻第 3 号，2019 年 1 月，55-65 ページ

松田温郎『小売商のフィールドワーク―八百屋の品揃えと商品取扱い技術』，碩学社，2017 年

森下二次也『現代商業経済論（改訂版)』，有斐閣，1977 年

Alderson, W., *Dynamic marketing behavior*, Richard D. Irwin, inc., 1965（田村正紀・堀田一善・小島健司・池尾恭一共訳『動態的マーケティング行動』，千倉書房，1981 年）

第3章　デジタルプラットフォームとその影響

河 田 賢 一

は じ め に

　私たちは何か調べたいことがあると Google で検索する．ネット通販で商品を購入する時には Amazon で購入する．友人や知人と連絡を取ったり，自分の日常をアップする際に Facebook を利用する．Google での検索，Amazon での商品購入，Facebook への投稿や閲覧には，Apple のパソコンや iPhone を使う．このように私たちの日常は GAFA とよばれるデジタルプラットフォーム運営事業者がいなければ成り立たない．こうしたデジタルプラットフォームを運営する企業をデジタルプラットフォーマーとよぶこともある．

　Amazon は私たちに直接商品を販売し，Apple は私たちが同社の製品を使うことから事業内容を理解しやすいが，Google と Facebook はその事業内容を理解しにくい．GAFA は世界の多くの国と地域で事業を展開しており，その売上げは大きく世界経済に大きな影響を与えている．それにより GAFA は世界中から情報を収集している．そして売上げが大きい割に納税額が少ないと批判されている．私たち消費者に対しては生活を便利する善人としての顔を見せているが，取引企業に対しては「独占や寡占」という支配力により悪人の顔を見せることがある．Amazon は自社ホームページや新聞紙上の広告において，中小出店事業者をサポートする善人としての顔を強調している．

　本章ではそうした GAFA やその他企業が展開するデジタルプラットフォームに焦点をあてる．

1. デジタルプラットフォームとその特徴

デジタルプラットフォームは「デジタル経済における生産・流通・消費のプロセスにおいて不可欠な仲介者，あるいは舞台として機能している」[1]．代表的なデジタルプラットフォーム運営事業者として GAFA があげられることが多い．GAFA とは Google，Amazon，Facebook，Apple，4社の頭文字をとったものをさす．

デジタルプラットフォーム運営事業者は多くの国や地域に進出している点においてグローバル企業であることに相違ない．ただ従来のグローバル企業は進出する国や地域に子会社や支店などを設立することから進出にともない有形固定資産が増える[2]．それに対し同運営事業者はインターネットなどの通信技術を利用することから有形固定資産がそれほど増えることはない．進出する国や地域の市場規模がまだ小さい時は本国などから事業展開することもできる．そうであれば本国の従業員を増やす程度のコスト増でよく，資産が少なくて済むことから「資産の軽量化」が特徴であると言われる．そしてデジタルプラットフォーム事業から生み出される収益は莫大であるが，その収益は設備投資でなく研究開発費や金融投資に支出されている．そしてその莫大な収益を税金に取られないようにするために，タックス・ヘイブンにペーパー・カンパニーとしての子会社を設立し，そこに収益を移すことによって課税を逃れたり，低率課税の恩恵を受けようとすることが多い．これは「国際的二重非課税」あるいは「国際的租税回避行為」と言われている[3]．タックス・ヘイブンにはイギリスの国外領土や植民地が多い[4]．

デジタルプラットフォーム運営事業者がデジタルプラットフォームの構築と維持そして拡大において果たしている機能は次の4つである[5]．第1に商品やサービスの提供を受けたい顧客（需要者）と，それを提供したい者（供給者）を集めることである．第2に情報提供やツールにより供給者と需要者を結びつけることである．第3に取引費用を削減するなどしてプラットフォームの価値を高めることである．第4にプラットフォームの質を保つために取引ルールを制

定して参加者に守らせることである.

GAFA 以前からマスメディアによる広告,不動産の紹介,農協,金融などの分野において,プラットフォームによるマッチングが行われてきた[6]. しかしながらデジタル化の進展にともなって近年のデジタルプラットフォームの特徴として,あらゆる産業分野へと広がってきている,展開速度が速くなり規模がグローバルに拡大している,プラットフォームビジネスを構成するステークホルダー(エコシステム)が広がってきている,顧客の意思決定におよぼす影響が大きくなっている,の4つがあげられる.

デジタルプラットフォームは,その基盤となる役割により4つに分類される[7].

① 仲介型プラットフォーム

これは商品やサービスの提供を受けたい顧客(需要者)と,それを提供したい者(供給者)[8]をそれぞれネットワーク化してつなぐ仲介者の役割を担うプラットフォームである.その代表例がシェアリングビジネスであり,仲介者の収益源はマッチング手数料となる.

移動したい乗客と自分が所有する自動車を有効活用したい者とをマッチングする Uber,宿泊したい顧客と使われていない住宅や部屋をホテルや旅館のような宿泊場所として貸し出したい者とをマッチングする Airbnb,などがある.

Uber は自社でタクシーや自動車などの移動手段を,Airbnb は自社でホテルや旅館などの宿泊施設を所有しておらず,それらを提供したい供給者と需要者をマッチングすることのみをビジネスとしている.自社で固定資産を持たないため,どれだけ多くの需要者と供給者のネットワークを確保できるかが鍵となる.なぜなら,供給者が多く集まる同プラットフォームにはより多くの需要者が集まるという効果が,そして需要者が多く集まればより多くの供給者が集まるというネットワーク効果が生まれるからである.

自社で資産を保有していないことは,Uber では自動車を購入し維持するコストが不要であることを意味する.仮に契約運転手が交通事故を起こした場合はその運転手が契約している自動車保険により補償されるため,Uber は保険

料を負担する必要もない[9]．そして Airbnb では宿泊施設を所有していないことから，事業所以外には固定資産税を支払う必要がない．

　ロール・クレア・レイエ，ブノワ・レイエ（2019）では，世界の高級ホテルグループと Airbnb を比較し，世界各地の一等地にホテルという固定資産（不動産）を保有している高級ホテルグループと比較して Airbnb の方が，株式時価総額が高いとしている[10]．Airbnb には固定資産とよべるものがほとんどないにもかかわらず株式時価総額が高いという不思議な現象がおきている[11]．それはある意味，都市中心部に巨大な店舗を所有している日本の百貨店のそれが低いのと同じようなものかもしれない．それは資産額よりもビジネスにおいて稼ぎ出す収益，特に利益率が高いことが株式時価総額に大きく影響している．日本でもセブン-イレブン・ジャパンの営業利益がかつて親会社であったイトーヨーカ堂のそれを上回った時に，「親子逆転」と言われたことがあった．セブン-イレブン・ジャパンの株式を購入するより，株価の低い親会社のイトーヨーカ堂の株式を買い占めた方が早いと言われ，それを阻止するためにセブン＆アイ・ホールディングスという持株会社が設立された経緯がある．スコット・ギャロウェイ（2021）では Uber のモデルをフランチャイズビジネスと同じようなものであるが，Uber は契約運転手から収益の20％を徴収するため，一般的なフランチャイジー（加盟店）がフランチャイザー（本部）に支払うロイヤリティが4〜8％であるのと比較すると高いとしている[12]．

　日本では，2024年4月から一部地域（都市部や観光地）で「自家用車活用事業（日本版ライドシェア）」の運用が始まった．同ライドシェアを管理するのは既存のタクシー企業であり，現状では Uber のようなアプリ企業は参入できない[13]．

　小宮・楊・小池（2020）は楽天，メルカリ，リクルートが代表だとしている[14]．

② オープン OS 型プラットフォーム

　これは多様なサービスの OS（Operating System）として機能し，他社アプリケーション（以下，アプリ）を含めてサービスを提供するプラットフォームで

ある．その代表には iPhone や Windows があり，収益源は個別アプリによる
収益手数料や利用者からの OS 使用料である．

　オープン型であることから，プラットフォーム企業でない外部企業が開発し
たアプリもあり，iPhone における App Store もそうである．同プラットフォー
ムではユーザーが増えるほどアプリ提供者が集まり，そのネットワーク効果に
よってプラットフォームの魅力が高まることで利用者を引きつけるサイクルが
生まれる．そこで初期段階の利用者が少ない中でも，少しでも魅力的なアプリ
提供者を引き寄せられるかが鍵となる．これはゲームソフトの開発においてと
同様である．

　小宮・楊・小池（2020）は，Apple の「iPhone」，Amazon の「AWS」，Microsoft
の「Azure」が代表だとしている[15]．

③　ソリューション提供型プラットフォーム

　これは特定分野に特化し横断的な機能を提供するプラットフォームであり，
需要者のビジネス活動を供給者がビジネスツールを提供することにより支援す
るものである．同プラットフォームの収益源は個別サービスを提供することに
対する対価や月額契約における定額課金などがある．また小売業やサービス業
における代金決済機能も該当する．

　Zoom，Adobe，そして日本でも乱立気味であるスマホアプリ決済企業など
が代表である．

④　コミュニケーション・コンテンツ型プラットフォーム

　これはコンテンツの蓄積によって利用者が集まり，それにより利用価値が高
まっていくプラットフォームである．コンテンツには ABEMA や Netflix のよ
うにプロの制作者が提供するものもあれば，SNS や動画投稿サイトのように
ユーザー自身の（素人による）コミュニケーションや投稿によるものもある．
同プラットフォームの収益源は広告収入や有料版の月額課金，そしてコンテン
ツのダウンロードにともなう課金などがある．

　同プラットフォームはコンテンツや SNS などのコミュニケーション利用者
が多く集まるほどユーザーにとっての魅力が高まり，それがユーザーの囲い込

みにつながる．そのため初期においていかに良質なコンテンツやユーザーを集められるかが鍵となる．また SNS や動画投稿サイトではユーザー（視聴者）を集めようとして倫理的に問題のある動画や投稿がされやすい．プラットフォーム運営事業者はそれをどう取り締まっていくかが鍵となる．投稿者側も問題のある動画や投稿をしない注意が必要である．

　小宮・楊・小池（2020）は YouTube，Facebook，食べログ，＠コスメ，LINE などが代表だとしている．

　デジタルプラットフォームは取引型と非取引型の２つに分類することができる[16]．取引型とはプラットフォームの片側に売り手である供給者，そしてもう片側に買い手である需要者がおり，プラットフォーム運営事業者が両者を引き合わせる役割をしている．非取引型とは供給者と需要者がプラットフォーム上で直接取引を行わない形式である．プラットフォーム上では需要者に供給者の広告を掲載し，プラットフォームの外側での取引を誘引するものである．非取引型を取引誘因型とする論文もある[17]．

　非取引型デジタルプラットフォームは，検索サイトや SNS により需要者に検索やコミュニケーションというサービスを提供することによって，需要者のデータを得る．そのデータとデータの分析結果は新しい商品やサービスとして活用される．こうして得られたデータはプラットフォームに対して２つのフィードバックループをもたらす．１つ目がユーザーフィードバックループであり，参加者が増えることによりプラットフォーム運営事業者の検索アルゴリズムの精度が向上するなど効果をもたらし，それによりさらに参加者が増える．２つ目はマネタイゼーションフィードバックループであり，プラットフォーム運営事業者は参加者のデータを分析したり，ターゲット広告の質を向上させたりすることにより追加資金を得，その資金がサービスの質の向上に再投資されさらに参加者が増えるというものである．

　この２つのフィードバックループがもたらす効果を「データドリブンネットワーク効果」という．デジタルプラットフォーム運営事業者の成長は，同効果

によるところが大きい．2つのフィードバックループが好循環で回り続ければプラットフォームはより多くの参加者を引き寄せ続けられる．そうした中で新しいプラットフォーム運営事業者が参入しようとしてもデータ量に大きな差ができてしまっていれば，先行する運営事業者と同じようなサービスの質を提供することができない．すなわち保有するデータ量が運営事業者間の競争を左右することになる．プラットフォーム運営事業者が事業を立ち上げた初期段階で使用料金を取ることなく無料で参加者を募るのは，早く参加者を集めてデータ量を増やしたいからである．そして一定程度の参加者とデータが集まる，すなわちクリティカルマスに到達すると先行投資資金を回収するために料金を徴収するようになる．したがって，デジタルプラットフォーム運営事業者は「独占化」もしくは「寡占化」しやすい．

ロール・クレア・レイエ，ブノワ・レイエ（2019）では，デジタルプラットフォームビジネスならではの問題点を4つあげている[18]．第1に価値を生み出しているのはプラットフォーム運営事業者でなく，プラットフォームを利用している顧客同士である（ネットワーク効果）．第2に片側サイドにおける価格設定が，もう片側サイドのそれにも影響をおよぼす（需要の交差弾力性）．第3にクリティカルマスの顧客を確保することにより，プラットフォームは価値のある存在となる．第4にプラットフォーム上では価格が参加者の行動を決定づけるため，価格は価値提案全体が強化されるような形で設定されなければならない．

デジタルプラットフォーム運営事業者はプラスの影響力だけでなく，マイナスのそれも持っており，近年，マイナス面が目立つようになってきた[19]．これはデジタルプラットフォーム企業による「支配」や，デジタル技術を用いることについての「責任回避」がある．「責任回避」の事例として配車サービスのUberは，世界各国の都市空間の交通インフラや労働者に依存しているにもかかわらず，契約運転手の低収入について批判されても，自社は「テクノロジー企業」でありアルゴリズムを提供しているだけであると主張し責任を放棄している．

40

　最近の事例として，SNS に有名人を使った詐欺（偽）広告がある．これは有名な企業人やアナリストを語って，投資へと誘い込むものである．警察庁によると 2023 年は 2,271 件で約 277 億 9000 万円の被害総額だった[20]．

　福井（2022）は OECD 資料から世界の主要デジタルプラットフォーム運営事業者を，UNCTAD 資料から世界の主要デジタルプラットフォームの手数料をまとめている[21]．

　デジタルプラットフォーム運営事業者のビジネスモデルは複雑でわかりにくい[22]．同運営事業者は顧客である一般消費者と企業をつなぐ「場」としてのプラットフォームを運営し，そこでは消費者が利用するプラットフォームと企業が利用するそれという 2 つの「顔」を持っている．同運営事業者において問題が発生するのは企業向けの「顔」においてが多い．なぜなら同運営事業者と取引する企業はそれと比較すると企業規模が小さいため取引が中止されることを恐れているのと，同運営事業者の優秀な人材と交渉しても勝てる見込みがないからである．すなわち同運営事業者と取引する企業は泣き寝入りするしかなく，そこに「優越的地位の濫用」が発生しやすい．それを救済してくれるのが公正取引委員会であり，後述するように事業活動や行動を監視している．

　GAFA は日本企業ではなく，日本はデジタルプラットフォーム運営事業者が立ち遅れていると言われる．小宮・楊・小池（2020）では，日本企業が採用すべきアプローチは 2 つだとしている[23]．1 つは自社がデジタルプラットフォーム運営事業者となる「デジタルプラットフォーム展開戦略」であり，もう 1 つが既存のプラットフォーム運営事業者を徹底的に活用し連携してビジネスの拡大を図る「既存デジタルプラットフォーム連携戦略」だとしている．これまで見てきた通り，成功しているデジタルプラットフォーム運営事業者はプラットフォーム内だけでなく，他プラットフォーム運営事業者との競争においても大きな優位性を持っている．そのためすべての企業が運営事業者となり成功することは難しく，企業規模の観点からそれを目指すことができない企業も多い．だからこそ，自らプラットフォーム運営事業者にならなくても，既存プラットフォーム運営事業者と提携することによりビジネスを拡大していく戦略もあり

得るとしている．現実的に考えて，すべての企業が運営事業者を目指すのは不可能である．同書では既存プラットフォーム運営事業者と提携し成功している事例も取り上げている．

2．日本のデジタルプラットフォーム事業者としての楽天グループ

当節では日本のデジタルプラットフォーム運営事業者について取り上げる．楽天グループ株式会社（以下，楽天グループ）はその代表と言っても過言ではないと思われる．楽天グループはさまざまな事業分野をグローバルに展開しており，グローバル・コングロマリット・デジタルプラットフォーム運営事業者と言えよう．

楽天グループとともに，ソフトバンク株式会社とLINEヤフー株式会社も代表と言ってよいが，紙幅の都合と2社が別会社であることから，楽天グループとの比較が難しいので本章では取り上げない．表1は楽天グループの沿革である．

楽天グループが提供する主なサービスとそれを提供する企業名をまとめたのが表2である．こちらはセグメント別収益を見る際の参考となる．

表3は楽天グループのセグメント別の売上収益と損益の推移である．

これを見ると，インターネットサービスセグメントとフィンテックセグメントの売上収益は順調に増加していることがわかる．それに対してモバイルセグメントは売上収益の伸びが停滞している年度があり，さらに同セグメントの営業利益率がマイナス，すなわち赤字であることがわかる．そしてインターネットセグメントとフィンテックセグメントの営業利益率が低下傾向にあることもわかる．

インターネットセグメントにおいて営業利益や同率が大きく増減した理由は次の通りである．2015年度に大きく増加したのは株式評価益によるものであり，翌2016年度に大きく減少したのは株式評価益がなくなったからである．2020年度に大きく減少したのはコロナ禍で「楽天トラベル」の予約と，プロ野球とサッカーJリーグの入場者数制限によるものである．

表 1　楽天グループの沿革

年　月	沿　革
1997 年 2 月	オンラインコマースサーバーの開発およびインターネット・ショッピングモール「楽天市場」の運営を行うことを目的として，資本金 1000 万円で㈱エム・ディー・エムを設立
5 月	インターネット・ショッピングモール「楽天市場」のサービス開始
1999 年 6 月	㈱エム・ディー・エムから楽天㈱に社名変更
2000 年 4 月	日本証券業協会に店頭登録
2001 年 3 月	「楽天トラベル」のサービス開始
2002 年 11 月	「楽天スーパーポイント（現，楽天ポイント）」のサービス開始
2003 年 9 月	宿泊予約サイトを運営するマイトリップ・ネット㈱を子会社化
11 月	ディーエルジェイディレクト・エスエフジー証券㈱（現，楽天証券）を子会社化
2004 年 9 月	㈱あおぞらカード（現，楽天カード）を子会社化
2004 年 11 月	日本プロフェッショナル野球組織（現，一般社団法人日本野球機構）において「東北楽天ゴールデンイーグルス」の新規参入が承認
12 月	㈱ジャスダック証券取引所（現，東京証券取引所 JASDAQ（スタンダード））に上場
2005 年 9 月	Link Share Corpolation（現，RAKUTEN MARKETING LLC）を子会社化
2007 年 8 月	IP 電話事業を運営するフュージョン・コミュニケーションズ㈱（現，楽天コミュニケーションズ㈱）を子会社化
2009 年 2 月	イーバンク銀行㈱（現，楽天銀行㈱）を子会社化
2010 年 1 月	ビットワレット㈱（現，楽天 Edy ㈱）を子会社化
7 月	フランスにおいて EC サイトを運営する PRINCEMINISTER S.A.（現，RAKUTEN FRANCE S.A.S.）を子会社化
2012 年 1 月	グローバルに電子書籍サービスを展開する Kobo Inc.（現，Rakuten Kobo Inc.）を子会社化
6 月	スペインにおいてビデオストリーミングサービスを提供する Wuaki TV, S.L.（現，Rakuten TV Europe, S.L.U.）を子会社化
2012 年 10 月	持分法適用関連会社であったアイリオ生命保険㈱（現，楽天生命保険㈱）を子会社化
2013 年 9 月	グローバルにビデオストリーミングサービスを展開する Viki, Inc. を子会社化
2013 年 12 月	東京証券取引所市場第一部へ上場市場を変更
2014 年 3 月	グローバルにモバイルメッセージングと VoIP サービスを展開する Viber Media Ltd（現，Viber Media S.ar.1）を子会社化
10 月	北米最大級の会員制オンライン・キャッシュバック・サイトを展開する Ebates Inc. を子会社化
10 月	携帯電話サービスに本格参入し「楽天モバイル」の提供開始
2017 年 6 月	楽天 LIFE STAY ㈱（現，楽天ステイ㈱）を設立し民泊事業に参入
7 月	デジタルマーケティングソリューションを提供する楽天データマーケティング㈱を設立
2018 年 3 月	朝日火災海上保険㈱（現，楽天損害保険㈱）を子会社化
2019 年 8 月	「楽天ウォレット」が暗号資産（仮想通貨）の取引サービス開始
10 月	「楽天モバイル」が携帯キャリアサービス開始
2020 年 9 月	「楽天モバイル」が携帯キャリアサービスにおいて，5G を用いた通信サービスを開始
2021 年 4 月	楽天㈱から楽天グループ㈱に社名変更
8 月	通信プラットフォーム事業組織 Rakuten Symphony を始動
2022 年 1 月	楽天モバイル㈱の完全子会社である楽天シンフォニー㈱を設立
4 月	東京証券取引所の市場区分見直しにより，市場第一部からプライム市場へ移行
10 月	楽天証券ホールディングス㈱を設立し，証券事業を再編
2023 年 4 月	楽天銀行㈱が東京証券取引所プライム市場へ上場
10 月	特定基地局開設計画（"プラチナバンド" 700MHz 帯割当）を認定
11 月	フィンテック子会社を再編し，楽天ペイメント㈱を楽天カード㈱の子会社化

（出所）　楽天グループ㈱第 27 期『有価証券報告書』4 ページより一部抜粋．

第 3 章　デジタルプラットフォームとその影響　43

表 2　楽天グループのセグメントと主なサービスそして主なサービス主体

	提供する主なサービス	主なサービス主体
インターネットサービス	インターネット・ショッピングモール「楽天市場」の運営	楽天グループ㈱
	インターネット上の書籍等の販売サイト「楽天ブックス」の運営	楽天グループ㈱
	インターネット上のゴルフ場予約サイト「楽天 GORA」の運営	楽天グループ㈱
	インターネット総合旅行サイト「楽天トラベル」の運営	楽天グループ㈱
	医療品・日用品等の通信販売等を行う「Rakuten24」等の提供	楽天グループ㈱
	ファッション通販サイト「Rakuten Fashion」の運営	楽天グループ㈱
	フリマアプリ「ラクマ」の運営	楽天グループ㈱
	オンライン・キャッシュバック・サービスの運営	Ebates Inc.
	電子書籍サービスの提供	Rakuten Kobo Inc.
	モバイルメッセージングおよび VoIP サービスの提供	Viber Media S.a.r.l
フィンテック	クレジットカード「楽天カード」の発行および関連サービスの提供	楽天カード㈱
	インターネット・バンキング・サービスの提供	楽天銀行㈱
	オンライン証券取引サービスの提供	楽天証券㈱
	決済事業の運営	楽天ペイメント㈱
	損害保険事業の運営	楽天損害保険㈱
	生命保険事業の運営	楽天生命保険㈱
モバイル	移動通信サービスの提供	楽天モバイル㈱
	光ブロードバンド回線サービス「楽天ひかり」の運営	楽天モバイル㈱
	電力供給サービス「楽天でんき」の運営	楽天エナジー㈱
	Open RAN ベースの通信インフラプラットフォーム，サービス等の開発・提供	Rakuten Symphony Singapore Pte. Ltd.

（出所）　楽天グループ㈱第 27 期『有価証券報告書』5 ページ.

　モバイルセグメントは営業赤字が続いているがその理由は次の通りである．2019 年度は世界初となるエンドツーエンドの完全仮想化クラウドネイティブネットワークを提供する携帯キャリアとして基地局の開設を進めたのと，他社回線ローミングエリアにおける回線使用料によるものである．2020 年度は 9 月から 5G サービス開始による基地局の開設を加速化させたことによるものである．2021 年度は基地局整備の前倒しと減価償却費の増加によるものである．2022 年度も基地局整備の先行投資によるものである．2023 年度も赤字が継続しているものの，初めて営業赤字額が減少した．髙野（2007）はソフトバンク

表3 楽天グループの売上収益と営業利益

		2011年度	2012年度	2013年度	2014年度	2015年度	2016年度	2017年度	2018年度	2019年度	2020年度	2021年度	2022年度	2023年度
全体	売上収益	379,900	443,474	518,568	598,565	713,555	781,916	944,474	1,101,480	1,263,932	1,455,538	1,681,757	1,927,878	2,071,315
	営業利益	71,343	72,259	90,244	106,397	152,153	119,080	167,010	161,130	95,129	▲102,667	▲224,999	▲325,645	▲153,041
	営業利益率	18.8%	16.3%	17.4%	17.8%	21.3%	15.2%	17.7%	14.6%	7.5%	▲7.1%	▲13.4%	▲16.9%	▲7.4%
インターネットサービス	売上収益	228,567	285,814	315,228	362,751	440,744	560,555	680,306	788,390	792,512	820,115	1,003,382	1,085,872	1,212,314
	営業利益	65,782	58,639	47,455	58,806	99,508	55,568	100,762	95,725	90,738	40,114	107,548	78,203	76,831
	営業利益率	28.8%	20.5%	15.1%	16.2%	22.6%	9.9%	14.8%	12.1%	11.4%	4.9%	10.7%	7.2%	6.3%
フィンテック	売上収益	141,160	156,430	201,494	236,520	275,136	296,066	333,161	410,796	486,372	576,195	619,048	663,393	725,165
	営業利益	13,326	23,714	44,174	48,399	63,899	65,587	72,811	79,852	69,306	81,291	89,120	98,704	122,915
	営業利益率	9.4%	15.2%	21.9%	20.5%	23.2%	22.2%	21.9%	19.4%	14.2%	14.1%	14.4%	14.9%	16.9%
モバイル	売上収益	–	–	–	–	–	–	–	–	119,808	227,142	227,511	368,669	364,556
	営業利益	–	–	–	–	–	–	–	–	▲60,051	▲226,976	▲421,172	▲492,830	▲337,524
	営業利益率	–	–	–	–	–	–	–	–	▲50.1%	▲99.9%	▲185.1%	▲133.7%	▲92.4%
その他	売上収益	34,174	33,269	35,746	42,445	52,092	–	–	–	–	–	–	–	–
	営業利益	1,142	1,585	3,762	▲639	▲8,599	–	–	–	–	–	–	–	–
	営業利益率	3.3%	4.8%	10.5%	▲1.5%	▲16.5%	–	–	–	–	–	–	–	–

（注） 各セグメントの売上収益をすべて、そして各セグメントの営業利益すべてを加えても全体のそれと同じ数値にはならない。それは各セグメントに内部取引が含まれているからである。

（出所） 楽天グループ（株）「有価証券報告書」より作成。

が通信インフラ事業への参入により総資本を増大させたが，他方で損益が悪化したとしている[24]．すなわち通信インフラ事業は通信網整備のための初期投資が巨額となることから赤字になりやすいことを示している．

　楽天グループ全体ではモバイルセグメントの営業赤字の影響により，2020年度から4期連続で営業赤字である．税引前当期利益は2019年度から5期連続で赤字である．

　インターネットセグメント，フィンテックセグメント，モバイルセグメントの3つを比較すると，2011年度と翌2012年度を除くと，フィンテックセグメントの方がインターネットセグメントより営業利益率が高い．インターネットセグメントの営業利益率が減少している理由は正確にはわからないが，「楽天ブックス」や「Rakuten24」そして「Rakuten Fashion」のように楽天グループが直接商品を仕入れて販売することによって，仕入原価＋利益分が売上収益に計上される．結果としてこうした売上が増えるほど営業利益率低下につながるのではないかと想像できる．「楽天市場」などによる出店手数料収入の方が収入額として少なくなるが，それに対する仕入額がないため営業利益率は高くなる．そうしたことから楽天は供給者と需要者をつなぐ役割に徹した方が，営業利益率が高くなるにもかかわらず，「Rakuten24」や「Rakuten Fashion」のように商品を仕入れるビジネスモデルをなぜ選択したのか，機会があればその理由を解明したい．

　コンビニエンスストアのフランチャイザーの営業利益率が高いのは，フランチャイジーからのロイヤリティ収入によるものであるのと同じである[25]．コンビニエンスストアの全店舗がレギュラーチェーンであれば，総合スーパーや食品スーパーと比較して営業利益率はそれほど高くならないであろう．すなわち固定資産や店舗人件費そして商品仕入原価が必要ないフランチャイザーの営業利益率は高くなる．仮にコンビニエンスストアの全店舗が総合スーパーや食品スーパーのようにレギュラーチェーンであれば，営業利益率は同じくらいかというと，コンビニエンスストアは「日替わり特売」を行わない分だけ営業利益率が高いと想像される．実際，総合スーパーと食品スーパーそしてコンビニエ

ンスストアの粗利益率を比較すると，コンビニエンスストアが一番高い．

　楽天グループが公正取引委員会から優越的地位の濫用だとされたのは，「共通の送料込みライン」問題である[26]．同問題は楽天市場に出店する事業者に対するものである．

　この問題に対し公正取引委員会は次のような対応をとった[27]．同委員会は楽天グループが楽天市場の出店者に対し「共通の送料込みライン」を 2020 年 3 月 18 日から一律に導入することを通知するなどしたため，同年 2 月 28 日に東京地方裁判所に対し楽天が「共通の送料込みライン」を一律に導入することの一時停止を求め，独占禁止法第 70 条の 4 第 1 項の規定にもとづいて緊急停止命令の申立てを行った．これに対し楽天は同年 3 月 6 日に出店者自身の選択により「共通の送料込みライン」の適用対象外にできる措置を行うことを公表し，その後に出店者が適用対象除外申請を行うための手続きを設定した．公正取引委員会は出店者が「共通の送料込みライン」に参加の有無を選択できるなら一時停止を求める緊急性が薄れると判断し，同年 3 月 10 日に申立てを取り下げた．ただ出店者の選択の任意性が確保されるか見極める必要があると判断し継続審査してきた．

　審査の中で，楽天は 2019 年 7 月以前から楽天市場に出店している出店者に対し，楽天の店舗営業担当者などが「共通の送料込みライン」に参加しない出店者に不利な取扱いをすることを示唆するなどし，参加することと適用対象外申請を行わないよう暗示した．これは「自己の取引上の地位が相手方に優越していることを利用して，正常な商習慣に照らして不当に取引の相手方に不利益となるように取引の条件を設定しもしくは変更し，または取引を行っている疑いの事実が確認された．

　それに対し楽天から改善措置の申出がなされ，それを検討したところ，疑いを解消するものと認められたため，今後，楽天が改善策を実施したことを確認した上で本審査を終えることとした．

　「共通の送料込みライン」に参加しない出店者に対する不利な取扱いには次のようなものがある．

第3章　デジタルプラットフォームとその影響　47

表4　「共通の送料込みライン」問題における新聞記事

新聞掲載日時	記事要旨
日経産業新聞 2019 年 1 月 31 日 4 面	楽天の三木谷会長が 1 月 30 日の楽天市場出店者向けイベントにおいて，全店舗で送料を統一していくと発表
日経 MJ 2019 年 4 月 5 日 7 面	ライトオンは 2 月末までに楽天市場以外の EC モールから撤退した
日経 MJ 2019 年 4 月 26 日 19 面	西友が楽天市場に出店
日本経済新聞 2019 年 8 月 2 日 13 面	楽天は 8 月 1 日の事業説明会で，楽天市場で 3,980 円以上購入した場合は送料無料にすると発表
日本経済新聞 2019 年 12 月 20 日朝刊 15 面	楽天は 12 月 19 日に，2020 年 3 月 18 日以降は楽天市場で消費者が 3,980 円以上購入すると自動的に「送料無料」と表示されると通知した
日本経済新聞 2020 年 1 月 23 日朝刊 13 面	「楽天ユニオン」が「送料無料化」への反対署名 1,700 筆以上を公取委に提出
日経産業新聞 2020 年 1 月 23 日 3 面	「楽天ユニオン」が楽天市場における 3,980 円以上の購入者の送料無料化の規約変更が独禁法に抵触すると公取委に調査依頼
日本経済新聞 2020 年 1 月 25 日朝刊 12 面	ワークマンが 2020 年 2 月末に楽天市場から撤退
日本経済新聞 2020 年 1 月 29 日夕刊 15 面	公取委が楽天市場出店者に事情聴取を始めた
日本経済新聞 2020 年 1 月 30 日朝刊 13 面	楽天の三木谷会長が戦略説明会で送料無料化を成功させると発言
日本経済新聞 2020 年 2 月 6 日朝刊 2 面	社説で，楽天市場の送料無料化は強引でないかと意見
日本経済新聞 2020 年 2 月 8 日朝刊 11 面	楽天は公取委から調査開始の連絡を受けたと発表
日本経済新聞 2020 年 2 月 11 日朝刊 3 面	公取委が 2 月 10 日に楽天に立ち入り調査
日本経済新聞 2020 年 2 月 12 日朝刊 26 面	公取委が楽天から事前相談を受けた際に，2019 年 12 月に「独禁法違反の恐れがある」と回答
日本経済新聞 2020 年 2 月 14 日朝刊 3 面	2 月 13 日の決算説明会において「送料無料」から「送料込み」に表記変更すると説明
日本経済新聞 2020 年 2 月 29 日朝刊 3 面・5 面	公取委が 2 月 28 日に東京地裁に対し，楽天に緊急停止命令を出すよう申立て
日本経済新聞 2020 年 3 月 6 日朝刊 15 面	楽天市場の出店者の一部が 3 月 5 日に「送料込み表示」を賛成する団体「楽天市場出店者 友の会」を 4 月に設立すると発表
日本経済新聞 2020 年 3 月 6 日夕刊 1 面	楽天は 3 月 6 日に，3 月 18 日から開始予定の「送料込み」表示制度の延期方針を決定
日本経済新聞 2020 年 3 月 7 日朝刊 2 面	楽天は 3 月 6 日に，3 月 18 日から一律での「送料込み」表示制度の延期を発表
日本経済新聞 2020 年 3 月 11 日朝刊 3 面	公取委は 3 月 10 日に，楽天市場の「送料込み」表示制度の一律導入延期を受け，東京地裁への緊急停止命令の申立てを取り下げ
日本経済新聞 2020 年 3 月 13 日朝刊 15 面	楽天は 3 月 12 日に楽天市場出店者に対する「送料込み」表示参加店への支援策を決定
日本経済新聞 2020 年 3 月 19 日朝刊 17 面	「送料込み」表示制度に賛成する出店者において，表示が開始される
日本経済新聞 2020 年 8 月 9 日朝刊 13 面	「楽天ユニオン」は 3 月 8 日，楽天が出店者に課す違約金制度が独禁法違反だとし公取委に排除措置命令を求めた
日本経済新聞 2021 年 6 月 1 日夕刊 3 面	楽天は楽天市場の出店者に対し，出店契約を変更する場合は「送料込み」表示制度への参加義務化にしたと明らかにした
日本経済新聞 2021 年 12 月日朝刊 17 面	公取委は 12 月日に，楽天が楽天市場出店者の「送料込み」表示制度への参加を任意にすると発表

（出所）　日本経済新聞各紙より作成．

① 楽天市場での検索結果において「共通の送料込みライン」に参加する出店者の取扱商品を優先して上位に表示する仕組みに変更するため，参加しない出店者の商品は上位に表示されない．

② 一度，参加する出店者の取扱商品に絞り込む検索を行った消費者（ユーザー）の端末では，その状態をデフォルトの設定とする仕様に変更するため，参加しない出店者の商品は消費者自らが設定解除しない限り表示されないことを営業担当者などが示唆した．

③ 楽天は2021年5月10日以降に出店プランの変更申請を行うためには「共通の送料込みライン」への参加が必須となること，また一旦出店プランを変更した後は適用対象外申請を受け付けないことを変更申請にかかるシステム上の画面に記載していた．

④ 「共通の送料込みライン」に参加しなければ，次回の契約更新時に退店となること，参加する出店者に大型の販促を行うため，参加しない出店者もいつかは参加しなければならないことを営業担当者などが示唆した．

「共通の送料込みライン」に参加しない出店者に生ずる不利益には次のようなものがある．

① 送料分すべてを商品価格に上乗せできずに利益が減少した出店者がある．

② 送料分すべてを商品価格に上乗せすると消費者に価格が高い印象を与えてしまう[28]．

③ 「共通の送料込みライン」に参加することにより送料が無料となる金額が低下し，客単価が下がった．消費者が3,980円を少し超えるような買い方をすることで，3,980円未満で得られるはずの送料収入が減少した．

日経MJ2019年10月16日2面では，消費者のオンラインモールの利用率の調査結果で上位3つは，楽天市場が64.9%，Amazonが64.8%，ヤフーショッピングが33.1%であった．楽天市場とAmazonの利用率はほぼ同じであるが，Amazonは外部事業者も出店できるが同社自ら商品を仕入れ販売している割合が高い．それに対し楽天市場は外部事業者の出店がほとんどである．すなわち

楽天市場での売上低下や契約解除となると事業を継続できない出店者が出てくるため，楽天市場の「共通の送料込みライン」は出店者にとって大きな問題であることがわかる．こうしたことが「優越地位の濫用の恐れがある」と公正取引委員会は指摘している．

公正取引委員会は Amazon に対しても「優越的地位の濫用の恐れがある」として調査や審査を行っている[29]．

おわりに

本章では，私たちの生活に欠かすことのできないデジタルプラットフォームの特徴とそれがもたらす影響についてまとめた．そして日本を代表するデジタルプラットフォーム運営事業者である楽天グループの収益状況と，「共通の送料込みライン」問題に対する新聞記事や公正取引委員会の対応についてまとめた．紙幅の都合上，不十分な内容となってしまったため，次の機会にそこを補いたい．

本章の校正期間である 2024 年 11 月下旬に Amazon は同社サイトの出品者に表示優遇の条件として不当に値下げを要求していたとして公正取引委員会の立ち入り調査を受けた[30]．

1) 福井（2022），25 ページ．
2) 小栗（2019），2 ページ．
3) 菊谷（2022），2 ページ．
4) こうした領土や植民地が，なぜタックス・ヘイブンとなっているのか，そのメリットは何か，そしてなぜイギリスがそれを認めているのかという疑問を持つが，それは本章では取り上げない．

日本では法人税の最低税率を 15% とする国際課税の新ルールが 2024 年 4 月から始まった（『日経産業新聞』2023 年 11 月 28 日 1 面）．

2024 年 5 月 12 日に西南女学院大学で開催された日本企業経営学会第 65 回研究大会において，中西良之「グローバルミニマム課税の現状と課題」の報告時に，筆者がタックス・ヘイブンはどのよう対策をとるのか質問したところ，中西はタック

ス・ヘイブンは 14% 前後の課税に抑えるであろうと回答していた．それとともに優秀な人材がいるのでさまざまな手法を考え出してくると思われると話していた．

5) 岡野（2019），13 ページ．

6) 小宮・楊・小池（2020），3 ページ．

7) キム（2023），318-319 ページ．小宮・楊・小池（2020），22-34 ページ．①から④は主に小宮・楊・小池（2020）をもとにしている．

8) 提供したい側には，個人もあれば，企業のような事業者もある．

9) ギャロウェイ著，渡会訳（2021），42 ページでは，コロナ禍でレンタカー企業であるハーツは倒産したとある．日本でもコロナ禍で観光客が大きく減少したために経営を断念したレンタカー企業があった．それによりコロナ明けに観光客が戻ってくるとレンタカーが足りない状況に陥ることがあった．

10) セブン＆アイ・ホールディングスは 2023 年 9 月 1 日にそごう・西武百貨店をアメリカ投資ファンドのフォートレス・インベストメント・グループに 2200 億円で売却したが，そごう・西武百貨店が巨額の有利子負債を抱えているため，実質的な株式譲渡額は 8500 万円だとされている．この金額は西武百貨店池袋本店の土地代にもならない（『日本経済新聞』2023 年 9 月 2 日朝刊 15 面）．

11) それはある意味，都市中心部に巨大な店舗を所有している日本の百貨店のそれが低いのと同じようなものかもしれない．それは資産額よりもビジネスにおいて稼ぎ出す収益，特に利益率が高いことが株式時価総額に大きく影響している．日本でもセブン-イレブン・ジャパンの営業利益がかつて親会社であったイトーヨーカ堂のそれを上回った時に，「親子逆転」と言われたことがあった．セブン-イレブン・ジャパンの株式を購入するより，株価の低い親会社のイトーヨーカ堂の株式を買い占めた方が早いと言われ，それを阻止するためにセブン＆アイ・ホールディングスという持株会社が設立された経緯がある．

12) ギャロウェイ著，渡会訳（2021），286 ページ．
　　コンビニエンスストアのロイヤリティ率は他より高いと言われているが，日本のコンビニエンスストア大手 3 社のそれは 10〜15% と高い．しかもそれは全加盟店平均のロイヤリティ率であることから，自らの土地に自己資金で店舗を建設したロイヤリティ率の低い加盟店を含んだ平均である．したがって，フランチャイザーが土地と店舗建設費を負担するタイプはフランチャイジーのロイヤリティ率はもっと高い（河田（2019），95-97 ページ）．

13) 『日本経済新聞』2024 年 2 月 21 日朝刊 4 面．

14) 小宮・楊・小池（2020），25 ページ．

15) 同上書，28 ページ．

16) 大木（2018），14-16 ページ．

17) 千葉（2019），27 ページ．

18) ロール・クレア・レイエ，ブノワ・レイエ著，門脇訳（2019），208-209 ページ．

19) 福井（2022），25-26 ページ．

20) 『日本経済新聞』2024 年 4 月 12 日朝刊 39 面．

21) 福井（2022），27 ページ，29 ページ．

22) 小林（2023），5 ページ．

23) 小宮・楊・小池（2020），4 ページ．

24) 髙野（2007），259 ページ．

25) 当段落は河田（2019），97-100 ページ．

26) 公正取引委員会（2021）．

27) 公正取引委員会（2021）．

28) これは小売店舗について消費税の総額表示により，価格が高く見えてしまうのと同じである．

29) 公正取引委員会（2017a）；同（2017b）；同（2019）；同（2020）．

30) 日本経済新聞 2024 年 11 月 27 日朝刊 3 面．

参 考 文 献

岡野寿彦「中国のプラットフォーマー―成長要因，ビジネスモデルの特徴と主要プラットフォーマーの比較分析―」『中国経済経営研究』第 3 巻第 2 号，2019 年，11-16 ページ（https://www.jstage.jst.go.jp/article/jcems/3/2/3_11/_pdf/-char/ja）

大木良子「オンラインプラットフォームと競争」『季刊 Nextcom』Vol. 33，2018 年，12-21 ページ（https://www.jstage.jst.go.jp/article/nextcom/2018/33/2018_2/_pdf/-char/ja）

小栗崇資「プラットフォーマーと協同組合」『生活協同組合研究』Vol. 526（2019 年 11 月号），2019 年，2-3 ページ（https://www.jstage.jst.go.jp/article/consumercoopstudies/526/0/526_2/_pdf/-char/ja）

河田賢一「第 5 章　コンビニエンスストア加盟店の低収益性」，木立真直・佐久間英俊編『現代流通変容の諸相』，中央大学出版部，2019 年，85-104 ページ

菊谷正人「最低法人税率の全世界的導入―BEPS に関する OECD/G20 包摂的枠組みの成果―」『イノベーション・マネジメント』No. 19，2022 年，1-22 ページ（https://www.jstage.jst.go.jp/article/riim/19/0/19_1/_pdf/-char/ja）

キム　リーナ「10-12　プラットフォーム企業」，坂爪浩史監修・日本流通学会編集『現代流通事典（第 3 版）』，白桃書房，2023 年，318-319 ページ

ギャロウェイ，スコット（渡会圭子訳）『GAFA next stage 四騎士 + X の次なる支配戦略』，東洋経済新報社，2021 年

公正取引委員会「アマゾンジャパン合同会社に対する独占禁止法違反被疑事件の処理について」2017 年 6 月 1 日（2017a）（https://www.jftc.go.jp/houdou/pressrelease/h29/jun/170601_files/1706011.pdf）

公正取引委員会「アマゾン・サービシズ・インターナショナル・インクからの電子書籍関連契約に関する報告について」2017 年 8 月 15 日（2017b）（https://www.jftc.go.jp/houdou/pressrelease/h29/aug/170815_files/170815.pdf）

公正取引委員会「アマゾンジャパン合同会社によるポイントサービス利用規約の変更への対応について」2019 年 4 月 11 日（2019 年）（https://www.jftc.go.jp/houdou/pressrelease/2019/apr/190411.pdf）

公正取引委員会「アマゾンジャパン合同会社から申請があった確約計画の認定について」2020 年 9 月 10 日（2020 年）（https://www.jftc.go.jp/houdou/pressrelease/2020/sep/division3/200910_honbun.pdf）

公正取引委員会「楽天株式会社に対する緊急停止命令の申立てについて」2021 年 2 月 28 日（2021年）（https://www.jftc.go.jp/houdou/pressrelease/2020/feb/200228honbun.pdf）

小林泰明『国家は巨大 IT に勝てるのか』，新潮社（新潮新書），2023 年

小宮昌人・楊皓・小池純司『日本型プラットフォームビジネス』，日経 BP・日本経済新聞出版，2020 年

高野学「第 9 章　ソフトバンクの経営分析―統合テレコム企業への転換」，大橋英五監修野中郁江・井上照幸編著『日本のリーディングカンパニーを分析する　No.4　流通／テレコム』，唯学書房，2007 年，233-262 ページ

千葉惠美子「デジタル社会における消費者政策の課題―時代の変化に対応した政策立案をめざして―」『生活協同組合研究』Vol. 527，2019 年，21-29 ページ（https://www.jstage.jst.go.jp/article/consumercoopstudies/527/0/527_21/_pdf/-char/ja）

中西良之「グローバルミニマム課税の現状と課題」，日本企業経営学会第 65 回研究大会報告（2024 年 5 月 12 日），2024 年

福井一喜「デジタルプラットフォームによる「支配」の空間的メカニズム―観光経済の事例分析および国際金融市場と政策的規制からの考察―」『経済地理学年報』第 68 巻，2022 年，24-48 ページ（https://www.jstage.jst.go.jp/article/jaeg/68/4/68_270/_pdf/-char/ja）

レイエ，ロール クレア・レイエ，ブノワ（根来龍之監訳，門脇弘典訳）『プラットフォーマー　勝者の法則―コミュニティとネットワークの力を爆発させる方法―』，日本経済新聞出版社，2019 年

『日経 MJ』

『日経産業新聞』

『日本経済新聞』

第4章　日本における流通・サービス業の低賃金構造

佐 久 間　英 俊

は じ め に

　いま日本では「後継者難」で廃業する町工場が増え，街中でも小売商店など
の廃業によって「シャッター商店街」が目立っている．事業者数から見ても歴
史的伝統から見ても，日本の地域の主役は中小企業・零細業者であり，流通業
やサービス業はそうした企業・業者の多くを抱え，産業レベルでも構成比率を
高めているにもかかわらず，賃金は他業界に比べてかなり低い．

　本章は，主に流通業（商業，物流）とサービス業（旅行・宿泊，外食など）を対
象にして，これらの業界の賃金がなぜ安いのかを解明することを目的としてい
る．

1．日本の主な業種の賃金

　まず本章が対象とする日本における流通・サービス業の位置を確認すること
から始めよう．

　主な産業別に就業者数を見ると，「製造業」1055万人（15.6％），「卸売業，小
売業」1041万人（15.4％），「医療，福祉」910万人（13.5％），「建設業」483万
人（7.2％），「サービス業（他に分類されないもの）」458万人（6.8％），「宿泊業，
飲食サービス業」398万人（5.9％），「運輸業，郵便業」349万人（5.2％），「教
育，学習支援業」344万人（5.1％），「情報通信業」278万人（4.1％）の順となっ
ている（総務省2024）．商業や物流業，宿泊・飲食業などは，今日，就業者数

から見ても日本の中心的産業を形成していると言える．

　次に，厚生労働省「毎月勤労統計調査 令和5年分結果確報」によって日本の主な業種の賃金（2023年，月額現金給与額）を見ると，「電力・ガス」の一般労働者が58万3300円，「情報通信」が53万3200円など50万円を超えているのに対して，流通業である「卸売・小売」は44万1800円，「運輸・郵便」は42万5800円と10万円前後低く，さらにサービス業の「生活関連サービス・娯楽」は34万3800円，「飲食サービス」は33万5900円であり，最初の二者と比べると20万円ほども低くなっている（表1）．

　一方，パートタイム労働者の賃金については，「電力・ガス」が17万9000円，「金融・保険」が16万8800円などと相対的に高く，「卸売・小売」が10万900円，「生活関連サービス・娯楽」が9万5600円，「飲食サービス」は7万7700円と一段と低く，この資料が扱う業種の範囲でも，最高と最低の賃金差は2倍以上となっている．

　これら業種の賃金が低いのは，生産性が低く，経営業績が悪いからであろうか．そうではない．表2により売上高対比の付加価値率を見ると，全産業平均が17.9％，製造業が18.0％であるのに対して，宿泊業・飲食サービス業が31.8％，運輸業・郵便業が23.7％と前二者を上回っており，生活関連サービス業・娯楽業も17.3％と少し低い程度である．本章が対象とする業種の中で卸売業・小売業だけが9.5％とかなり低いが，これは後ほど検討する．

　以上，総じて日本の飲食や生活関連サービス，商業は，製造業など他業種に

表1　日本の主要業種の月間現金給与額

（単位：千円）

	製造業	電力・ガス	情報通信	運輸・郵便	卸売・小売	金融・保険	飲食サービス	生活関連サービス・娯楽
一般労働者	439.7	583.3	533.2	425.8	441.8	535.9	335.9	343.8
パートタイム労働者	131.6	179.0	136.9	130.7	100.9	168.8	77.7	95.6

　（注）　2023年の月間現金給与額で「きまって支給する給与」（所定内および所定外）と「特別に支払われた給与」の合計．
　（出所）　厚生労働省「毎月勤労統計調査 令和5年分結果確報」2024年2月27日より作成．

比べて低賃金であると言える.

　ちなみに台湾（中華民国）の業種別賃金を見ておくと，全体平均が6万832元，「製造業」が6万2492元に対し，「運輸・倉庫」6万1957元，「小売・卸売業」が5万1159元，「ホテル・レストラン」3万7662元であり，「ホテル・レストラン」が低いのを例外として，製造業と流通・サービス業との間に，日本で見られるような極端な賃金格差は見られない（2023年の月額給与，行政院主計総処「受傭員工薪資統計速報（全体)」）.

表2　日本の産業別売上高および付加価値額（2022年）

	売上高	付加価値額	付加価値率
全産業計	1,812,954,324	323,632,703	17.9
農林漁業	6,443,600	1,142,461	17.7
鉱業，採石業，砂利採取業	2,441,489	1,005,489	41.2
建設業	123,402,876	24,267,823	19.7
製造業	453,599,584	81,437,849	18.0
電気・ガス・熱供給・水道業	54,031,847	2,347,255	4.3
情報通信業	79,605,242	20,922,736	26.3
運輸業，郵便業	72,711,887	17,246,843	23.7
卸売業，小売業	508,979,093	48,358,931	9.5
金融業，保険業	138,566,013	18,357,581	13.2
不動産業，物品賃貸業	63,175,363	13,449,381	21.4
学術研究，専門・技術サービス業	49,098,338	20,775,054	42.3
宿泊業，飲食サービス業	21,532,220	6,852,043	31.8
生活関連サービス業，娯楽業	32,495,648	5,630,439	17.3
教育，学習支援業	17,701,517	8,311,527	46.0
医療，福祉	137,156,764	32,441,513	23.7
複合サービス事業	7,854,792	3,105,984	39.5
サービス業（他に分類されないもの）	44,158,052	18,070,242	40.9

（注）1. 調査実施は2023年6月.
　　　2. 売上高と付加価値額の単位は百万円，付加価値率の単位は%.
（出所）総務省（2024.7）「2023年経済構造実態調査」二次集計結果より作成.

2. 日本の賃金推移と国際比較

(1) 「失われた30年」における日本の賃金推移

日本で生じている業種別賃金格差の原因を考察する前に，まず日本の賃金推移と，世界の中での位置を確認しておこう．

現在，日本の消費者が抱える最大の問題の1つは，消費者の多数を占める賃金労働者の低賃金である．1990年代初頭に生じた「バブル経済」の崩壊以降現在まで続く「失われた30年」に，日本では現実的には長期不況が続き経済は活力を失い，賃金は低く抑えられ実質賃金が減少する年も多く見られた．

国税庁(2024)によると，2023年の日本における給与所得者の年間平均給与額は460万円であった．「バブル崩壊」後の平均給与所得のピークは1997年の467万円で，底を記録した2012年の408万円まで約60万円（約15％）低下した．その後は上昇に転じており，ここ2，3年は数十年ぶりのベアがあるなど戻してはいるが，ピークであった1997年水準をいまだ回復できておらず，1997年対比では実額でマイナスになっている（表3）．

さらに，この間に物価は低率とはいえプラスで推移してきたから，日本の労働者の実質賃金は大きく下がった．その金額は1996年の445.1万円から2021年の384.4万円まで約60万円下がっている．直近で見ても日本の労働者の実質賃金は，2024年6月に1.1％増となるまで2年2カ月間低下し続けた．2023年は大企業などで数十年ぶりのベアがあったと騒がれたが，実質賃金は前年対比で2.5％減少（現金給与総額は1.2％増だが，消費者物価指数は3.8％増）しており，2019〜23年の直近5年間で見ても実質賃金がプラスだったのは2021年だけであった（厚生労働省 2024.2）．

(2) 世界の中での日本の賃金

世界の主要国と比べると，日本の労働者は長時間働くにもかかわらず，他の先進国より賃金は際立って低い．表4により主な先進国の過去30年間の賃金伸び率を見ると，アメリカやイギリスはこの期間に50％以上伸びており，フ

第4章　日本における流通・サービス業の低賃金構造　57

表3　日本における平均給与の推移

	平均給与	対前年比
1997 年	467 万円	1.4%
1998 年	465 万円	− 0.5%
1999 年	461 万円	− 0.8%
2000 年	461 万円	− 0.1%
2001 年	454 万円	− 1.5%
2002 年	448 万円	− 1.4%
2003 年	444 万円	− 0.9%
2004 年	439 万円	− 1.1%
2005 年	437 万円	− 0.5%
2006 年	435 万円	− 0.5%
2007 年	437 万円	0.5%
2008 年	430 万円	− 1.7%
2009 年	406 万円	− 5.5%
2010 年	412 万円	1.5%
2011 年	409 万円	− 0.7%
2012 年	408 万円	− 0.2%
2013 年	414 万円	1.4%
2014 年	415 万円	0.3%
2015 年	420 万円	1.3%
2016 年	422 万円	0.3%
2017 年	432 万円	2.5%
2018 年	441 万円	2.0%
2019 年	436 万円	− 1.0%
2020 年	433 万円	− 0.8%
2021 年	443 万円	2.4%
2022 年	458 万円	2.7%
2023 年	460 万円	0.4%

（出所）　国税庁「民間給与実態統計調査」各年，より作成．

表4　主要国における過去30年間の平均年収の推移

	1991 年	1997 年	2021 年	30 年伸び率
米国	4 万 9121 ドル	5 万 2067 ドル	7 万 4738 ドル	52.2%
ドイツ	4 万 1925 ドル	4 万 6171 ドル	5 万 6040 ドル	33.7%
OECD	3 万 8280 ドル	4 万 467 ドル	5 万 1607 ドル	34.8%
イギリス	3 万 3191 ドル	3 万 6203 ドル	4 万 9979 ドル	50.6%
フランス	3 万 6828 ドル	3 万 1671 ドル	4 万 9313 ドル	33.9%
日本	3 万 7866 ドル	3 万 8900 ドル	3 万 9711 ドル	4.9%

（出所）　OECD (2022). *Average annual wages* より作成．

ランスやドイツ，経済協力開発機構（OECD）平均でさえ1/3ほど増えている
のに対して，日本の伸び率は同期間にわずか4.9％にとどまる．

　この結果，日本の賃金（2021年）はこの30年間にイギリスやフランスに追
い抜かれ，先進国ばかりではなく旧ソ連，東欧や中米諸国も含まれるOECD
の平均より2割ほども低く，首位の米国と比べるとおよそ半分の水準になって
いる[1]．

　このように日本の低賃金は欧米の先進諸国と比べても異常さが際立ってい
る．他の先進資本主義国の賃金はそれなりに上がっているのであるから，日本
の低賃金は現代資本主義一般の問題ではなく，特殊日本的問題である．

(3)　日本の低賃金構造の発生原因

　ではなぜ日本の賃金はこれほど低いまま長期にわたって底這いを続けてきた
のだろうか．その原因を見ていこう．

　1つ目の要因は，「プラザ合意」以降の日本企業の国際競争力の低下である．
1985年9月に開催されたG5（先進5カ国蔵相・中央銀行総裁会議）で，日本政府
は米国政府の要求を受け入れ，円高ドル安を進める先進各国による為替協調介
入に合意した．当時1ドルが250円ほどであった円ドル相場は1年後には130
円をつける急速な円高を招いた．輸入してきた原材料を加工・組立し完成品を
輸出すると言う輸出主導型の産業構造をとり，高度成長期はもちろん，低成長
期に入って以降も1980年代前半まで，日本企業は世界の先端産業で市場シェ
ア1位の座についてきたが，円高の昂進は日本から商品輸出を行う企業には不
利に働いた．つまり先進各国の国家介入によって作り出された新しい円ドル相
場は，その水準であれば競争力の劣る外国企業が日本企業に伍して競争してい
ける水準を意味していた[2]．この結果，日本では「プラザ合意」直後に円高不
況を招き，貿易黒字で貯めた莫大な資金が国内の生産投資では行き場を失い，
株式や土地に向かって「バブル経済」が形成されたのである．

　しかし「バブル景気」は数年続いたものの，1990年代初頭には崩壊し「失
われた30年」が生じた．この時期，円高で輸出が不利となった日本の製造大

企業は多国籍化し，海外での現地生産に舵を切り替えた．こうして労働や技術の面で国内に「産業空洞化」が生じ，長期不況が常態化して，賃金が抑制されたのである．

　さらに日本企業の国際競争力の低下については，日米安全保障条約第2条の経済条項によって片務的な対米配慮を義務づけられた日本政府が，半導体をはじめとする日本の競争優位産業で譲歩を繰り返してきたことと，市場原理主義にもとづき将来の成長産業への国家支援を怠ってきた日本政府の政策的失敗が指摘できる．

　日本的低賃金構造を生み出した第2の要因は，さまざまな商品市場における低価格競争の進展である．1980年代以前には多くの業界で大手メーカーなど生産者がチャネル・リーダーの位置を占め，建値制度を敷いて自社の商品を商業者に販売した後も，その商品の取引価格が値崩れしないよう管理・統制してきた．これは，独占資本が安定的高価格（吊り上げ価格）をつけて大儲けするという面もあったが，チャネルを構成する中小商業者にとってもそのおこぼれに与れるという旨味があった．

　しかしこうした市場の構造が1990年代以降は様変わりし，低価格競争が支配的になった．実質賃金が低下した日本の労働者は，自身が拘りを持つ一部の商品を除いて財布の紐を締め，商品のコストパフォーマンスを厳格に吟味しながら全体的には低価格志向を強めたため，多くの業界でメーカーの設定する建値が崩壊し，オープン価格制度に変化した．リベート（割戻金）は，本来はメーカーが川下の商業者に自社商品を安定した相対的高価格で優先的に販売してもらうために提供されたものであったが，低価格競争が激化するもとで，さらなる安売りの原資に転化してしまった．例えば，日用雑貨品メーカーの花王のヒット商品である洗濯用洗剤「アタック」（当初は1箱1.5kg）の小売価格は，1987年の発売当初はメーカー希望小売価格の840円であったが，スーパーの目玉商品として298円などの低価格で売られる例も生まれた．また，居酒屋チェーンが「生ビール中ジョッキ1杯290円」のような際立った低価格を実現できるのは，大量仕入れのリベートや割引に加えて，学生アルバイトなど非正

規雇用労働者を低賃金で働かせているからでもある．近年では労働の対価として コストパフォーマンスが悪い「ブラックバイト」は，日本人学生からも敬遠 されるため，こうした労働はアジアなどの途上国から来ている外国人留学生に 置き換わるケースが増えている．ハンバーガー業界でも，シェア1位のマクド ナルドの「ハンバーガー」の価格は，当初の1個210円から130円になり，さ らに一時は「平日半額キャンペーン」として65円で売られるまでに低下した．

　一方，大手小売業など流通業者が設定するプライベート・ブランド（PB）商 品の普及も，日本市場における商品価格の低下を後押しした．PB商品はメー カーなど生産者がブランドを設定するナショナル・ブランド（NB）商品より 低価格であることを特徴とするものが多かったからである[3]（表5）．

　急激な円高で，海外からさまざまな商品が日本に輸入されてきて従来にない 低価格で販売されるとともに，海外に生産拠点を移した日本企業の海外生産品 の逆輸入も増えた．「100円ショップ」に並ぶ商品が驚くべき低価格を実現で きるのも，発展途上国などの相対的低賃金を利用して低コスト生産をしている からである．円高がもたらした国際化の進展も日本国内の低価格競争を促進し た．

　またインターネットを軸とする情報化の進展も商品の低価格化を進めた．イ

表5　PB の原価構成

	NB 販売価格約 160 円	PB 販売価格約 100 円
A 原材料費	49 円	40 円
B 人件費など固定費	9 円	9 円
C 広告宣伝費・拡販費・物流費	50 円	8 円
D メーカー・卸の粗利益	30 円	18 円
E 小売の粗利益	22 円	25 円

　（注）1. 小売が PB の広告宣伝を行うこともある．
　　　　2. メーカーの原価＝ A ＋ B ＝ NB で 58 円／ PB で 49 円．小売の原価＝ A ＋ B ＋ C ＋ D ＝ NB で 138 円／ PB で 75 円．
　（原典）『週刊東洋経済』が取材をもとに作成．
　（出所）「PB 商品の裏側」『週刊東洋経済』2012 年 12 月 22 日号，48-49 ページ，より作成．

ンターネット販売される商品は，店舗費用や従業員数の削減，大量販売などを通じて，店頭小売価格に比べて低価格で販売されるケースが多いからである．

こうした低価格競争は物財だけでなく無形のサービスなど多様な商品分野にも波及した．航空輸送業界ではいわゆる格安航空会社（LCC：Low Cost Carrier）が登場し，機内での食事の無料提供サービスの廃止やさまざまなコスト削減によって，従来は見られなかったような低価格の搭乗券が販売されるようになった．宿泊予約サイトでもインターネットを使って同業者間の価格比較が容易になったため最安値を競い合う競争が生まれている．また NETFLIX は映画出演者の出演料を大幅に買い叩きながら，画像につけた広告から収入を得ることによって，映像ソフトの低価格配信サービスを世界に広げ（日本では最初の 31 日間は無料，月額税込み 2,189 円），多くの視聴者を獲得している[4]．

低賃金化を進めた第 3 の要因は政府の労働規制の緩和である．激しい低価格競争は企業に利潤圧迫要因となって作用し，「リストラ」や「雇用改革」の名のもとに労働者の首切りや労務費の削減が実行された．1980 年代半ば以降，日本政府は労働分野においても各種の規制緩和を行ってきた．まず 1985 年に労働者派遣法が制定され，順次限定が解除されたため，派遣社員やパートなど非正規雇用が多様な業種に広がる一方，企業は正規雇用の労働を非正規雇用のそれに置き換えた．また雇用の「流動化」「柔軟化」を進めたため，フリーランスや有期雇用，ジョブ型雇用などが広がり賃金水準が低下した．

2023 年時点で日本の労働者の中で非正規雇用労働者は 37.0％を占めている（非正規職員・従業員の全体に占める割合，総務省「労働力調査」）．これは 1989 年には 19.1％であったから，「失われた 30 年」に非正規雇用労働者は倍増した[5]．欧州の先進諸国の非正規雇用比率は，フランス 15.8％，ドイツ 13.0％，イギリス 6.4％などであり，日本の非正規雇用比率は群を抜いている．

一方，厚生労働省「令和 5 年賃金構造基本統計調査」にもとづき，雇用形態別に賃金を見ると，「正社員・正職員」の平均（男女計）が 336.3 千円に対し，「正社員・正職員以外」は 226.6 千円となっている．後者の賃金は前者の 67.4％にとどまっている（表 6）．

表6　主な産業の雇用形態別，性別に見た賃金格差

	男女計			男性			女性			男女間賃金格差	
	正社員・正職員	正社員・正職員以外	雇用形態間賃金格差	正社員・正職員	正社員・正職員以外	雇用形態間賃金格差	正社員・正職員	正社員・正職員以外	雇用形態間賃金格差	正社員・正職員	正社員・正職員以外
製造業	324.7	205.5	63.3	345.0	237.7	68.9	251.5	179.7	71.5	72.9	75.6
情報通信業	388.2	301.7	77.7	412.4	337.7	81.9	326.0	250.2	76.7	79.0	74.1
運輸業・郵便業	304.5	221.1	72.6	311.4	230.9	74.1	258.4	198.5	76.8	83.0	86.0
卸売業・小売業	343.0	211.1	61.5	369.2	244.4	66.2	281.4	191.0	67.9	76.2	78.2
宿泊業・飲食サービス業	284.1	197.4	69.5	306.3	214.1	69.9	245.3	188.7	76.9	80.1	88.1
生活関連サービス業・娯楽業	306.9	200.7	65.4	338.1	212.6	62.9	260.1	193.2	74.3	76.9	90.9
サービス業（他に分類されないもの）	314.6	237.5	75.5	331.3	248.8	75.1	268.3	226.4	84.4	81.0	91.0

（注）　単位は千円.
（出所）　厚生労働省「令和5年賃金構造基本統計調査」2024年3月より作成.

　またフルタイム労働者の賃金中央値に対する最低賃金の比率を諸外国と比較すると，日本の格差の大きさは際立っている．OECDによると，2023年にその比率は日本が46％で，60％台のフランスと韓国，50％台の英国やドイツを大きく下回っている（『日本経済新聞』2024年8月20日付朝刊）．欧米諸国と比べた雇用形態別賃金格差の大きさは，日本企業の多くが同一価値労働に対して同一賃金を支払わないことも一因である．

　第4に，日本の労働分配率の低下がある．企業規模別に見ると，中小企業に比べて大企業の分配率の低さが際立っている．企業が生み出す付加価値（利益など）から人件費に回る割合を示す労働分配率は，日本の大企業では2023年に38.4％で10年前の46.8％から低下している．同じ期間に中小企業も76.0％から70.7％に下がっているとはいえ，両者の差は30％前後と大きな開きがある（『日本経済新聞』2024年5月14日付朝刊）．日本の大企業には，過去最高益を更新し内部留保を大きく増やす企業も少なくないが，それはこれらの大企業が

労働者の搾取と取引における収奪を強めた結果である.

　一方，日本の大企業の労働分配率が低い理由には，「株主資本主義」の深化によって株主配当を増やしたこともある．財務省の「法人企業統計」によると，金融・保険を除く全産業の2023年3月期の経常利益は95兆円と1991年3月期の2.5倍に増え，稼ぐ力はバブル期を上回る．一方，人件費は214兆円と伸び率は3割にとどまった．代わりに増えたのが配当金で，32兆円と1991年3月期の7.7倍となった（『日本経済新聞』2024年3月14日付朝刊）.

　第5に，労働組合運動の低迷もある．例えば，それは欧米に比して日本の労働ストライキの数の少なさにも表れている[6]．日本の労働組合員数は2022年に999万人で，推定組織率は16.5%である[7]．これらの数値は1996年の1245万人，23.2%からそれぞれ大きく低下した（厚生労働省 2024.3）.

　労働組合運動が低迷した要因には，非正規雇用労働者が急増する中，少なくない組合がそうした人々の加入を認めず，その要求の採り入れに消極的姿勢をとってきたという運動主体の側の問題もあるが，主要には，新自由主義的競争政策が採られ労働の緊密化が進むもとで，労働者が多忙化・疲弊して仕事と生活に汲々となり[8]，落ち着いて物を考える時間を奪われることによって視野が狭まり，利己主義（ミーイズム）と生活保守主義の傾向を強めた結果と考える.

3. 日本の流通・サービス業に固有の要因

⑴ 流通・サービス業の賃金引下げ要因

　上記要因は日本の産業全般に妥当する低賃金の形成要因である．流通・サービス業の賃金は，そうした国際的に低い日本の賃金の中でさらに一段と低いものになっている．次にそれら業界に固有の要因を考察しよう.

　外食や宿泊業などに代表されるサービス業の需要が拡大しているにもかかわらず，業種別で見た賃金は相対的に下位に位置したままである．これらの業種の賃金が安い理由は，① 非正規雇用比率，② ジェンダー不平等，③ 中小企業比率が大きいからである.

　第1に非正規雇用比率の高さがある．非正規雇用者数は2023年度に卸売・

小売業が459万人（50.6％），宿泊業・飲食サービス業が254万人（75.4％），運輸業・郵便業が97万人（30.1％）であった（総務省2024.1）．これら非正規雇用者の賃金は表6の通り低く抑えられてきたため，日本のサービス業や流通業には最賃近傍雇用者（最賃の1.1倍）の割合が多い．例えば，宿泊業・飲食・サービス業で34.2％，卸売業・小売業では22.8％に上る．さらに，卸売業・小売業は正規と非正規の雇用形態間賃金格差は61.5％で表6の業種の中で最大である．

第2に，女性雇用比率の高さがあげられる．厚生労働省「令和5年版働く女性の実情」によると，「女性雇用者数」2793万人のうち，産業別では「医療・福祉」が669万人（産業別構成比24.0％）で最も多く，「卸売業，小売業」が516万人（18.5％）でこれに次いでいる。また，「宿泊業・飲食サービス業」は223万人（18.0％）で，製造業に続く4位に位置する．日本の流通・サービス業には女性労働者が多く，かつ彼女らの多くが非正規雇用であることから，その賃金は低く抑えられている．

またフルタイム労働者で見ても，日本のジェンダー不平等は世界で群を抜いている．男性フルタイム正社員の賃金に対する女性フルタイム正社員の賃金の比率は，イタリア92.4％，フランス88.2％，ドイツ87.7％，イギリス86.1％，カナダ83.9％，米国82.3％であるのに対して，日本は77.5％である．

業種間格差を生む第3の要因は，日本の流通・サービス業における中小企業比率の高さである．今日，製造業は中小企業全体の約1割を占めるにすぎず，残り9割は非製造業が占め，流通・サービス業はその非製造業の中心をなしている．

一方，日本の業種別に中小企業の従業者数構成比を見ると，多い順に製造業21.3％，小売業15.1％，建設業11.4％，宿泊業・飲食サービス業10.1％，サービス業（他に分類されないもの）10.1％，卸売業8.4％　運輸業・郵便業7.1％，生活関連サービス業・娯楽業5.4％の順となっている．特に流通・サービス業には小規模企業・零細業者が多く存在し，非正規雇用比率が高いサービス業は労働組合が少なく，存在しても組織率が低いことが不当な差別的低賃金を蔓延させてきた．

ところで，日本の大企業と中小企業の利潤率格差は近年特に拡大している．大企業の売上高経常利益率は直近四半期移動平均で 11.0% であるのに対し，中小企業は 4.7% である（「2024 年 4～6 月期法人企業統計」）．この差は途中リーマンショックによる急落という特殊要因を除けば，21 世紀に入って以降概して拡大し続けてきた．

　大企業に比べて中小企業は利益率が低いため，総じて労賃の引き上げに回す原資が大企業に比べて不足している．

　ただし 2024 年の賃上げは中小企業の方が大企業を上回っているとも言われている．これまでの賃金水準が低すぎたため「人手不足」の中で労働者の確保が困難になり，やむなく賃上げに踏み切ったと思われる．日本商工会議所と東京商工会議所が 2024 年 6 月に発表した「中小企業の賃金改定に関する調査」（共同調査）によると，中小企業の 74.3% が賃上げを実施・予定しており，業種別では「卸売業」や「製造業」の 8 割以上で賃上げを実施・予定していた．また，正社員の賃上げ率が 4% 以上となる企業は 3 割台にのぼった．ただし日本商工会議所が 4～5 月に全国の中小企業を対象に実施した調査では「賃上げを実施する予定」と答えた企業のうち，59.1% は業績改善をともなわない「防衛的な賃上げ」だと答えた．この傾向は従業員数が少ない企業でより顕著で，業種別では運輸業や小売業で目立った（『日本経済新聞』2024 年 9 月 19 日付朝刊）．流通過程で大企業に収奪される中小企業の下には富は残りにくい構造があるため，今後のさらなる賃上げの余力はもちろん大きくない[9]．

⑵　日本の商業の低利潤率

　上記以外にも日本の流通・サービス業の賃金が一段と低い理由として，そもそも日本の商業資本の利潤率が世界の同業態で比較しても低いことが指摘できる．

　2001 年～2020 年の日本企業のマークアップ率の動向を考察した内閣府『令和 5 年版 経済財政白書』は，「業種別にみると，非製造業に比べて製造業のマークアップ率の水準が高」いとした上で，「卸売・小売のマークアップ率

は，非製造業の中でも相対的に低い水準であり，また，推計期間を通じた変化もほとんどみられない」と述べている（内閣府 2023，201-202 ページ）．

　個別に見ても，日本の二大流通グループの 1 つと言われるイオングループの中軸をなす総合スーパー部門は，2014 年度から 2023 年度の 10 年間に売上高が平均で約 3 兆円であるのに対し，営業利益の平均は約 78 億円で，売上高営業利益率は約 0.26％にすぎない．この 10 年間に赤字の年が 3 回あり，衣料品の在庫圧縮などの改革を進め，2023 年 3～8 月期に 10 年ぶりに黒字転換したものの，直近でも 2024 年 3～5 月期は 34 億円の赤字（前年同期は 110 億円の黒字）であった（『日本経済新聞』2024 年 2 月 10 日付朝刊，2024 年 7 月 14 日付朝刊）．

　またもう 1 つの巨大流通グループであるセブン＆アイホールディングスは，元々はグループの中核であった総合スーパーのイトーヨーカ堂の業績が振るわず（2024 年 2 月期決算は約 12 億円の営業赤字），近年ではグループの営業利益の大半をコンビニエンスストアのセブン-イレブンによって稼ぎ出す構造になっている．外国人大株主の圧力もあり，2023 年 10 月に 126 あるイトーヨーカ堂の店舗のうち 33 店を 2025 年度までに閉鎖する計画を発表するとともに，2023，2024 年に百貨店のそごう・西武，バーニーズジャパンやニッセンホールディングスも全株式を売却し，さらにはセブン-イレブン以外の企業は提携先に株式譲渡する計画まで打ち出した．

　このように，日本の小売商は大手でさえ低い利潤率に甘んじているため，賃金が抑制されているのである．これら企業の利潤率が低い最大の原因は，「バブル崩壊」以降，日本の小売市場で激しい低価格競争が生じてきたことにある．前記の通り「失われた 30 年」に名目賃金も実質賃金もマイナスとなった日本の消費者の多くが低価格志向を強めた結果，小売業は価格品質レベルで現行商品より改善をしていなければ商品が「売れない時代」を迎えたと言われている．

　例えば，総務省「家計調査（家計収支の概況）」によれば，2023 年はポストコロナで旅行や外食などへの支出が伸びる一方，モノへの支出は 2.5％減，サービスも 0.7％減となった．物価高の影響が大きかった食料品は，魚介類や調理

食品を中心に実質で 2.2％減少した（『日本経済新聞』2024 年 2 月 7 日付朝刊）．また，リクルート社の外食市場に関する調査・研究機関であるホットペッパーグルメ外食総研が 2024 年 1 月に行った消費者アンケート調査[10] でも，回答者の46.1％が節約志向を持っており，現在特に節約を意識している出費は，① 内食費用（45.0％），② 光熱・水道費（43.3％），③ 外食の費用（35.0），④ 中食の費用（33.1％），⑤ 被服費（27.6％），⑥ 日用品・消耗品（25.6％），⑦ 娯楽・趣味・教養費（21.9％），⑧ 通信費（17.5％），⑨ 交際費（17.2％），⑩ 美容費（16.5％）の順となっている．ここでもスーパーやコンビニエンスストアなど小売業者の品揃え商品が節約対象となっていることがわかる．

さらに，業態を超えた低価格競争も進展している．コンビニエンスストアの成長は食品スーパーとの競合だけでなく，ハンバーガーや牛丼などファストフード業界との競争を激化させ，双方に低価格圧力をもたらした．また近年ではドラッグストアが食品部門を強化し，食品スーパーとの競合が強まっている．

このように日本の小売業の多くは，賃金抑制・減少する日本の労働者の低価格志向に応えて低価格政策を採る[11] ことによって際限のない低価格競争に巻き込まれ，結果的に業績を悪化させている．このため，日本の商業労働者の賃金は諸外国と比べると異常なほど低く抑えられているのである．

4．日本における近年の商品価格の高騰

⑴　価格高騰の原因

日本では 1990 年代初頭に「バブル経済」が崩壊して以降，「失われた 30年」に激しい低価格競争が展開されてきたのであるが，2020 年代に入って商品価格の値上げが相次ぐ局面が生まれている．

商品価格高騰の主な原因は，コロナ危機，ロシアによるウクライナ侵略，円安の 3 つである．

まず 2020 年春頃から本格的に世界中に広がった新型コロナウイルス感染症（COVID-19）によって生産の停滞と物流の寸断・停滞が起きた．生産部面では，

労働者の感染や外出自粛で工場の操業が落ちて品薄状態となった．一方，サプライチェーンの寸断で物流費用も高騰した．例えば，アジアから米国西海岸に行ったコンテナ船が，港湾労働者の不足により積み荷を陸揚げできず，港の沖合で何週間も停泊を余儀なくされた．これは本国でのコンテナ不足にもつながり，物流コストが高騰した．

第2に，2022年2月にロシアによる侵略戦争のウクライナ全土への拡大が資源・エネルギー価格の高騰を引き起こした．ロシアとウクライナは世界有数の穀倉地帯であったため小麦やトウモロコシをはじめとする食糧品価格が高騰した．またロシアの侵略に対する制裁の意味もあり，G7をはじめ少なくない国がロシアからの石油・天然ガスの輸入を停止したため，世界のエネルギー価格が急騰した．これらがさまざまな商品価格に作用して世界各国に深刻な商品価格の高騰を引き起こしている．

第3に，為替相場の円安がある．2021年1月4日に1ドル102円80銭であった円ドル相場は，2024年7月3日に1ドル161円83銭をつけるまでほぼ一本調子で急速な円安が進んだ．この間海外からの輸入を増やしていた日本市場では，輸入商品の価格が急騰することとなった．

こうしたコスト増大要因を受けて，日本ではこの時期さまざまな商品が値上げされることになった．帝国データバンク（2024.10）によると，日本で値上げした食品数は，2022年が2万5768品目（平均値上げ率14％），2023年が3万2396品目（同15％）で，2024年は9月30日時点で1万2401品目（同17％）となっている（非上場食品企業90社を含む日本の主要195社の価格改定計画で，品目数は再値上げなど重複を含む．また2024年は今後の実施予定も含む）．2024年（9月末時点）は，2022年や2023年より値上げ品目数は少なくなったとはいえ，なお値上げ基調が続いている．2024年の値上げ要因で最も多いのは「原材料高」（92.7％）だが，「物流費」（68.6％）や「円安（為替の変動）」（28.4％），「人件費」（26.7％）も前年から割合を大きく高めている（数値は品目数ベースで，重複を含む）．

日本では長期の低価格競争が続いた後に急激な価格高騰が生じたため，とり

わけ大きな混乱を招いている．これに対して消費者は，一般的に言えば財布の紐を締め，相対的に低価格志向を強めている[12]．

(2) 日本企業の価格転嫁の困難

上記の通り，近年ではエネルギー・原材料コストの上昇が生じているのだが，2022年末頃には日本企業が増加したコストを販売価格に転嫁した比率は39.9％であった（『日本経済新聞』2023年1月24日付朝刊．調査期間は2022年12月16日～2023年1月5日）．日本経済新聞社の食品・日用品の主要メーカー調査では85％の企業がコスト上昇分を価格転嫁していると回答しているが，「全くできていない」も11％ある．価格転嫁の割合は「8割以上」が12％あるが，半数は「5割未満」にとどまっている（『日本経済新聞』2023年5月8日付朝刊）．

一方，帝国データバンクによると，2024年2月時点で日本企業の価格転嫁率は40.6％で，2023年夏から3.0ポイント後退したという．

前記の商品価格の高騰を招いた3つの原因のうち円安を除く2つは諸外国にも共通しているため，世界の諸国で商品コストの増大が生じているのであるが，エネルギー・原材料コストの増大を商品の販売価格に転嫁した割合を国際比較すると，日本の価格転嫁の遅れが顕著に見られる．三菱総研の調査によると，2022年10～12月期に価格転嫁率は，米国が134％，欧州が87％に対して，日本は48％にとどまっていた（『日本経済新聞』2023年2月8日付朝刊）．

コスト増の価格転嫁が遅れた結果，中小零細企業の中には倒産するものも増えている．燃料や原材料などの「仕入れ価格の上昇」により収益が維持できず倒産した「物価高倒産」は，2018年以降，直近の調査で数値が入手可能な2024年6月までに2,021件起きている（2022年463件，2023年775件）．2023年の倒産では，賃上げ分の価格転嫁の困難に「加えて，長らく続く原材料価格やガソリン，電気代などのエネルギー価格の高止まり」が収益を圧迫し続けていることが原因という．また2024年上半期は484件だが，半期ベースで過去最多を更新した．倒産を業種別に見た場合，2022年，2023年とも最多が「サービス業」で，次が「小売業」であった（以上，帝国データバンク2023.4，2024.3，

2024.10 など).

5．日本の流通・サービスの市場構造

(1) 商業構造の変化

次に，日本の流通業（商業と物流業）と主なサービス業の市場構造を見ておこう．

日本の商業売上は，2023年に卸売業が約432兆円，小売業が約164兆円であった（表7）．一商品で見れば小売価格より卸売価格が安いのは自明であるが，業界全体の売上で見た場合，両者の関係が逆転し卸売業の方が大きくなるのは，小売が最終消費者へ販売する一段階しかないのに対して，卸売は複数段階に及ぶからである．

売上高の経年変化を見ると，小売業が一貫して成長してきているのに対して，卸売業は1990年代初頭に売上のピークを迎えた後，早くも下降に転じていることがわかる．それと関わって，W/R比率[13] も1980年代初頭がピークで，2010年代半ばに最小を記録しており，近年まで全体として数値を下げて

表7 日本における商業販売額の推移

年度	商業計	前年比	卸売業	前年比	小売業	前年比	W/R
1980	451,998	112.4	363,009	113.4	**88,988**	108.3	4.08
1982	508,799	104.6	412,660	105.0	96,135	102.8	**4.29**
1985	538,598	102.0	433,278	101.6	105,320	103.6	4.11
1991	**710,723**	101.8	**564,081**	101.1	146,642	104.7	3.85
1995	632,320	98.0	486,805	97.4	145,515	100.3	3.35
2000	584,646	97.8	444,903	97.4	139,743	99.2	3.18
2005	544,017	99.6	409,025	99.1	134,991	101.1	3.03
2010	464,379	102.9	328,815	103.6	135,564	101.1	2.43
2016	**443,433**	97.4	**303,158**	96.3	140,275	99.8	**2.16**
2020	518,506	111.7	370,647	116.1	147,858	101.8	2.51
2022	588,884	106.0	432,096	107.3	156,788	102.6	2.76
2023	595,640	101.1	431,594	99.9	**164,046**	104.6	2.63

（注）　販売額の単位は10億円，比率は％．太字は各項目の最大と最小を示している．
　　　　W/R比率は卸売売上高÷小売売上高で，流通チャネルの長さを表すと言われている．
（出所）　経済産業省「商業動態統計」各年度版より作成．

いる.

他方，小売業も卸売業も店舗の床面積を拡大しており，総じて大規模化してきていると言える．従来，日本型流通システムの特徴は卸売段階の多段階性と，小規模，多数性などにあると言われてきた（田村 1985）．しかしそうした日本の流通システムの特徴は，1990年代以降大きく変容してきている.

「バブル経済」が崩壊した1990年代初頭以降，日本では長期不況のもとで中小生産者と中小小売業者の淘汰が進行し中小卸売業者の経営を悪化させる一方，卸売業の再編による取引停止が中小小売業者の廃業を加速している.

1989年に始まった日米構造協議を受けて，日本政府は大規模小売店舗法を段階的に緩和した後，撤廃した．このため郊外に大型店が殺到し，街中の商店街は大打撃を被った．また卸売市場法の改正はセリ入札，委託集荷，公共の原則を撤廃し，いまやセリ取引は僅少になった．卸の弱化は良品を見抜く目利き機能を弱らせ，零細な生産者や小売を苦境に陥れている.

総じて卸売業でも小売業でも「寡占化」の進展が見られる．規模を高めた少数の巨大企業（独占資本）は市場支配力を高め，搾取（労働力の売買を通じた労働成果の取得）と収奪（不等価交換を通じた超過利潤の取得）を強めているが，こうした独占の深化[14]は製造業やサービス業でも同様である.

(2) 物流業の構造

物流業界ではコロナ・パンデミックの前からインターネット販売の増加を受けて需要の高まりが見られたが，コロナ・パンデミックを契機にインターネット販売や外食の宅配などが増え，需要がいっそう拡大している．しかし，産業間の力関係でこれまで劣位にあった物流業には，現下の原材料コスト高の負担を転嫁されやすいという問題があった[15].

日本のトラック輸送業界は長距離輸送を担う大手の下に，下請けの中小企業が取引のピラミッドを形成する構造をなしている．産業間の力関係に劣る大手は，下請けにコストを転嫁し，とりわけ末端の運送会社では低賃金を強いられてきたが，それがいま「物流の2024年問題」として顕在化している．2021年

に大型トラック運転手は年間に 2,544 時間働き，時間外労働は全産業平均の 2
割増で，運転手の 29％が時間外労働をしているが，多忙の割に賃金は高くな
いため運転手集めに苦労していた．そこに 2024 年 4 月からの法改正があり，
トラック運転手の残業時間が年間 960 時間に制限されたため，労働力不足が
いっそう深刻化した．ただしそれは低賃金をはじめ労働条件の貧困が引き起こ
している問題である．

帝国データバンク（2024.3）によって，コスト上昇分の商品販売価格への転
嫁率を業種別に見ると，2024 年 2 月時点での「運輸・倉庫」業の価格転嫁率
は 27.8％で，前回調査（23 年 7 月）26.2％，前々回調査（22 年 12 月）20.0％と比
べて価格転嫁に進展は見られるものの，他業種（全業種平均 40.6％）に比べて依
然低い水準にある．これは日本の「運輸・倉庫」業が，大手を頂点とするピラ
ミッド構造をなしており，多数の企業が「荷主からの二次下請け，三次下請け
が普通であり，荷主に対し直接値上げ交渉ができない」（帝国データバンク，
2024.3）状態にあるからである．

2023 年度に公正取引委員会が荷主に行った注意喚起を見ると，買い叩き 239
件，減額 142 件，支払い遅延 117 件，不当な変更・やり直し 106 件，不当な利
益提供要請 45 件，その他 38 件などとなっている（公正取引委員会資料）．2024
年 6 月に独占禁止法違反（不公正な取引方法）の疑いで公正取引委員会の立ち入
り調査を受けた管工機材販売の橋本総業（東京都中央区）の事例では，運送会
社のドライバーは販売店への運転に加え，配送センターでの荷積み作業も業務
として行うにもかかわらず，同社は業務量に見合った代金を支払わず，超過勤
務が生じた際の費用も払っていなかったという．トラックドライバーが積み荷
の運送業務を超えて作業を強いられる例は，大手小売店との取引でも積み荷の
無償店内陳列などに見られ，長年の慣行として続いていることも珍しくな
い[16]．

日本では 2003 年に下請法が改正され元請けと下請けの運送会社間の取引は
下請法の適用対象となったが，荷主は消費者と運送会社の取引を仲介する役割
とされ，下請関係が認められてこなかったため，橋本総業の立ち入り検査を行

うまで，公正取引委員会は当該問題を放置してきた．

(3) 流通・サービスにおける独占支配

　低価格競争とエネルギー・原材料価格の高騰による利潤圧迫に対して，市場支配力を有する大企業は労働者の搾取と流通からの収奪を強めている．

　まず大手メーカーは原材料・部品などの仕入先であるサプライヤーを買い叩いたり，力の劣る中小企業・業者などにさまざまなコストの負担を転嫁したりしている．例えば，日産自動車は下請け企業との取引で，取引終了後に商品価格の値下げを要求し，公正取引委員会から勧告を受けたが，その後も不公正取引を継続したことが発覚し社会問題化したが，トヨタ自動車をはじめ他の企業も，下請けに年に2回1％ずつ納品価格を下げさせていたとの報道がある．こちらは取引の交渉時に行うので不公正取引として認定されてこなかったが，近年のコスト高を迎えてもなお中小のサプライヤーが「応じざるを得ない」のは「優越的地位の濫用」にあたる可能性がある．

　一方，独占的商業資本に成長した大手小売も中小の生産者や中小卸売業者を収奪している（加賀美ほか2024）．公正取引委員会（2018）によれば，大手小売企業は納入業者との取引の15.9％で不公正取引を行っていた．大手小売企業は絶大な購買力や取引情報の取得などを基礎にして，多様な協賛金要求，仕入れた商品の買い叩き，事前約束のない不当返品，代金支払いの延期，不当な派遣店員の要請，法外な物流センターフィーの請求，さらにはPB商品の生産委託などにともなう生産者情報の略取などを行っている．これらの多くは，不公正な取引方法として法律で禁止されている行為である．

　またサービス業でも，例えば飲食業界では，Ｍ＆Ａ（合併・買収）を通じて居酒屋チェーンなどが業態を拡張し，飲食のコングロマリットに成長し，巨大資本グループを形成するまでにいたっている．ここでは製造や小売商業などと同様に，原材料の仕入れ先に対して有利な条件で取引が行われており，中には不公正取引に当たる行為も存在している．

　これに対して日本では，これまで公正取引委員会の監視や罰則適用が緩く，

図1 公正取引委員会に対する申告件数等の推移

（出所） 公正取引委員会「令和5年度における独占禁止法違反事件の処理状況について」2024年5月28日より作成．

多数の違法行為がまかり通ってきた．例えば，公正取引委員会に対する不公正取引の報告（申告）は数千件に上るが（図1），それに対する勧告数は遥かに少ない．近年ようやく不公正取引に対する規制が強まり，違法行為の減少が見られるが，なお法の網の目をかい潜って違法行為は続いている（食品産業センター2024など）．

最後に，ここ2，3年の賃金値上げに触れておこう．2023年や2024年の春闘では，主に大企業で数十年ぶりの水準のベアが実現したという報道がなされた．「失われた30年」に生じた実質賃金の減少をカバーするにはまだ僅少とはいえ，これまで長期にわたって生じなかった賃金増がなぜ今生じたのだろうか．

バブル経済が崩壊して以降，国内では輸出競争力が低下し「産業空洞化」するもとで，大企業は搾取と収奪を強めて強蓄積体制を築いてきた．しかし消費者の多数を占める労働者は，実質賃金が減少し全体としては消費を絞り込んできた．この結果，大企業が過去最高益を稼ぎ出しても，儲けにつながる次なる投資先が見出せず，巨額の内部留保を積み増すだけで経済循環に支障を来たすまでになったのである．

経済学の理論にもとづいて説明すれば，日本の現局面は資本主義一般の法則

である「生産と消費の矛盾」が激化し，既存の枠組みを打ち破る力として発現しているのであるが，剰余価値法則（今日的には独占利潤法則）にもとづき，独占資本が賃金収奪（価値以下への労働力商品の買い叩き）を含めて強蓄積を行った（価値法則を侵害した）結果，消費購買力の弱体化という形で価値法則からの反作用が生じたととらえられる．

おわりに

以上，本章では日本の流通・サービス業の賃金が極端に低い原因を分析してきた．

この間採られてきた新自由主義的競争政策のもとでは，政策が引き起こす矛盾は弱者に転嫁される．その結果，真面目に働く労働者や真面目に活動する中小企業・零細業者が報われないケースが増えている．「失われた30年」に日本の労働者の賃金は欧米の先進諸国だけでなくOECD平均と比べても異様なほど伸び率が低く，賃金額でもいくつかの国に追い抜かれた．そうした中で，日本の流通・サービス業は他の業種と比べて一段と低い賃金になっていた．本章ではその原因を，非正規雇用比率の高さ，女性労働者比率の高さとジェンダー不平等，中小企業・零細業者の多さ，独占による収奪などに見た．

日本の低賃金の原因は，日本企業の国際競争力の低下，生産体制や労働力編成，取引条件など構造的要因に関わるため，大きな政策転換がない限り解決は容易ではない．この30年間に多国籍化による「産業空洞化」と「金融化」，株主偏重の利益配分，企業規模別格差の拡大などに，政策の失敗が加わることによって，日本資本主義は主要産業の国際競争力と膨大な内需を消失させた．この30年間の「損失」から見れば，直近の賃上げなどは微々たるものであり，日本経済の本格的再生への道は遠い．

他方，内部留保の過剰蓄積と新規投資の停滞，社会的経済的格差の拡大，少子高齢化とフードデザート問題，地球環境破壊の深刻化など焦眉の課題が山積している．これらの問題は相互に連関しているため，日本の流通・サービスの低賃金是正はその第一歩になると期待される．

上記の通り，先進資本主義国の中でも日本の異常さは際立っている．したがって，それは現代資本主義一般が抱える問題ではなく，日本に特殊的な問題である．それは日本に固有の以下の要因が重なって生じていると考える．それらは非正規雇用比率の大きさ，同一価値労働同一賃金からの逸脱度の大きさ，ジェンダー不平等の大きさ，労働組合運動の低迷，労働者の多忙・疲労度の大きさ，農林水産業をはじめとする自営業と地域の壊滅，宅配輸送をはじめいくつかのサービスに対する無償意識，独禁当局の規制の緩さなどである．本章ではこれらのうちいくつかの主要な要因を検討したが，紙幅の都合ですべての要因を考察するにはいたらなかった．またの機会としたい．

1) 実質賃金で見ても，日本は 2022 年の額が 2000 年とほぼ変わらなかった一方，米国は 27%，英国は 20%，ドイツも 15% 上昇した．日本の賃金は OECD 加盟国 38 カ国中，25 位に低迷する（OECD 統計，『日本経済新聞』2024 年 3 月 14 日付朝刊）．

2) この「プラザ合意」を 1 つとって見ても，現代市場が巷間で言われる「自由競争」や「自由貿易」とは程遠いこと，また分析枠組みとして国家独占資本主義論が必要であることがわかる．

3) 知名度の低い PB 商品は，競合する有名な NB 商品に対して 25〜30% ほど安い価格をつけて初めて顧客のブランド移動が生じると言われてきた．ただし近年では成長した大手小売企業の PB 商品の一部には，相対的高価格設定をしながら高品質で有名メーカーの NB 商品に対抗するものも生まれている．

4) 低価格競争が昂進した結果，1980 年代後半に問題視された日本の内外価格差（同一商品で比べた国内商品の外国商品に対する高価格）は，今では多くの商品分野で逆転している．

5) 伍賀（2023）は，「1990 年代半ばから今日にかけて，労働市場のなかに非正規雇用・半失業が分厚く堆積」させた結果，日本は「非正規大国」になったと評価している．

6) 英独の鉄道機関士から米国のハリウッド俳優まで，欧米では労働組合が行うストライキが日常的に見られるのに対して，日本では，2023 年 9 月にそごう・西武の労働組合が西武池袋本店（豊島区）でストライキを行ったのが百貨店業界では 60 年ぶりであった．

7) パートタイム労働者の組合員数は 140 万人，推定組織率は 8.5% であった．

第 4 章　日本における流通・サービス業の低賃金構造　77

8)　OECD の 2019 年のデータでは，1 日の平均睡眠時間は中国 9 時間 2 分，米国 8 時間 48 分，フランス 8 時間 33 分，英国 8 時間 28 分などで多数の国が 8 時間 20 分（500 分）を超すのに対して，日本のそれは 7 時間 22 分で最も短かったという．

9)　日本の中小企業の生産性は低いという前提に立って，最賃近傍の賃金しか支払えない小企業・零細業者の淘汰を当然視するアトキンソン（2019）の主張は，社会全体の独占支配を看過した謬見である．アトキンソンの主張に対する批判としては，松丸（2020）などを参照．

10)　同調査は㈱アール・ピー・アイが調査機関となり，2024 年 1 月 4 日～15 日に首都圏・関西圏・東海圏に住む 20～69 歳の男女（株式会社マクロミルの登録モニター）にインターネットを使って行われた．配信数は 1 万 2738 件で回収数は 9709 件（回収率 76.2 ％）であった（https://limo.media/articles/-/56502，2024 年 10 月 25 日アクセス）．

11)　こうした事態をとらえて，仲上（2019）は「失われた 30 年」の日本の流通を「デフレ支援型流通」と規定した．

12)　他方，一部の高額消費は伸びている．例えば，日本の長者番付上位 50 人の保有資産は，13 兆 6000 億円（2014 年）から 19 兆 5000 億円（2019 年），26 兆 9000 億円（2023 年）へ増えている（『フォーブズ』）．また，NISA（少額投資非課税制度）の導入もあり，近年の株高で利益を得た一部の個人投資家も高額消費の伸長に貢献している．しかし投資とは無縁の一般市民は実質賃金が目減りしており，圧倒的多数が高額消費とは無縁である．

13)　同比率は卸売段階の多段階性を示す指標とも言われている．

14)　ここで言う独占とは資本間の収奪関係を表す概念であり，1 社だけが市場を支配すると言う産業組織論の「完全独占」とはまったく異なる概念である．後者は市場支配を行う主体の数にもとづく量的規定であるのに対して，前者は支配の内容を問題とする質的概念である．

15)　これに変化の兆しが見られ始めたのは，インターネット販売企業のアマゾンの宅配を請け負っていたヤマト運輸が 2017 年に取扱量の制限を打ち出して以降である．近年，アマゾンジャパンは消費者までの「ラストワンマイル」を担う「デリバリーステーション」や大型倉庫の「フルフィルメントセンター」の新設に力を入れている．

16)　国土交通省が行った調査には，トラック運転手の以下の意見がある．「商品が出来るまで荷待ち時間となる．待つ時は，平気で 10 時間は待たされる．」（中国地方・60 歳以上・男性），「順番をとるために早めに行って記入をしなければならない．早く行っても今日のように昼前からしか降ろせない事が多い．発荷主に言っても全く改善なし．」（中国地方・40～49 歳・男性），「荷主の中には，自分のほしい荷物を優先して荷下しをさせ，他の荷物については待たせても当然のことだと思っていると

ころがある.」(北陸信越・40〜49歳・男性),「積込時,何も指示をうけてないが荷おろし先へ行くと2Fまで階段で手上げするよう言われ,聞いてないと言うと,手上げの料金を払ってあると言われ一円ももらってないと出荷先に言うが何も回答がなく,しかたなく言われるがままに手上げ作業をした.」(北陸信越・40〜49歳・女性),「ケースのバラ積みにより労働時間の長時間化,肉体的疲労により安全運転のリスク増加,労働者不足をまねいている.」(四国).

参 考 文 献

一般財団法人・食品産業センター「令和5年版食品産業における取引慣行の実態調査報告書」,2024年6月

加賀美太記・佐久間英俊・森脇丈子編著『コンビニエンスストアと日本の流通―流通経済論からの分析』,文理閣,2024年

公正取引委員会「優越的地位の濫用に関する独占禁止法上の考え方(改正)」,2017年6月

公正取引委員会「大規模小売業者との取引に関する納入業者に対する実態調査報告書」,2018年9月

厚生労働省「経済指標の国際比較」,2023年6月

厚生労働省『令和5年版 労働経済の分析―持続的な賃上げに向けて―』(労働経済白書),2023年

厚生労働省「毎月勤労統計調査令和5年分」,2024年2月

厚生労働省「令和5年賃金構造基本統計調査」,2024年3月

伍賀一道「不安定就業の新局面―プラットフォーム労働に着目して」『経済』333号,新日本出版社,2023年6月

国税庁「令和5年分民間給与実態統計調査」,2024年9月

国土交通省「トラック輸送状況の実態調査結果(全国版)」

佐久間英俊「日本の格差社会と流通」,佐久間英俊・木立真直編著『流通・都市の理論と動態』(中央大学企業研究所研究叢書36),中央大学出版部,2015年,第1章

佐久間英俊「流通・サービス業の低賃金の実態と構造」「誌上シンポジウム『全国一律最賃1500円』で日本経済の再建を―最低賃金を国政の焦点に」『経済』313号,新日本出版社,2021年9月

佐久間英俊「日本における流通・サービスの現状と課題」,全国商工団体連合会『中小商工業研究』157号,2023年10月

食品産業センター『令和5年度食品産業における取引慣行に関する実態報告書』,2024年6月

総務省「労働力調査(基本集計)2023年(令和5年)平均結果」,2024年1月

総務省「家計調査」，2024 年 2 月

総務省・経済産業省「令和 3 年経済センサス―活動調査」，2023 年 6 月

田村正紀『日本型流通システム』，千倉書房，1985 年

中小企業庁『2024 年版 中小企業白書 小規模企業白書（上・下）』，2024 年

帝国データバンク「『物価高倒産』動向調査（2022 年度)」，2023 年 4 月

帝国データバンク「『物価高倒産』動向調査（2023 年度)」，2024 年 4 月

帝国データバンク「『物価高倒産』動向調査（2024 年上半期)」，2024 年 7 月

帝国データバンク「価格転嫁に関する実態調査（2024 年 2 月)」，2024 年 3 月

帝国データバンク「定期調査：『食品主要 195 社』価格改定動向調査―2024 年 10 月」，2024 年 10 月

デービッド・アトキンソン『日本人の勝算―人口減少，高齢化，資本主義』，東洋経済新報社，2019 年

内閣府『令和 5 年版 経済財政白書』，日経印刷株式会社，2023 年

仲上哲『格差拡大と日本の流通』，文理閣，2019 年

松丸和夫「中小企業の『生産性革命』と公正取引実現―デービッド・アトキンソンの主張によせて」『経済』297 号，新日本出版社，2020 年 6 月

矢作敏行『コマースの興亡史―商業倫理・流通革命・デジタル破壊』，日本経済新聞社，2021 年

有限責任監査法人トーマツ「トラック運転手の労働時間等に係る実態調査事業報告書」，2022 年 1 月

「切り札は最低賃金の引き上げだ」『日経ビジネス』2019 年 9 月 2 日号

「特集 絶望物価―負のスパイラルが始まった」『日経ビジネス』2022 年 5 月 16 日号

第5章　17～18世紀のバルト海における
ハンザ都市と国家

斯　波　照　雄

は じ め に

　17世紀中葉には三十年戦争が終結し，ハンザ総会も1669年が最後となった．それは都市が個別に，あるいは連帯して北海（Nordsee）・バルト海（Ostsee）商業を展開する時代の終焉であったといえよう[1]．ヨーロッパ社会では本格的な大洋貿易の時代に入り，新大陸やアジアからさまざまな商品がもたらされ，船舶の大型化とともにヨーロッパ内でも大量の商品が輸送されるようになった．そうした中で，中央集権国家，特にネーデルランドやイギリスが台頭して世界貿易を展開し，バルト海へも多様で大量の商品がもたらされた．近世に入っても，バルト海沿岸地域のリューベック（Lübeck），ロストク（Rostock），シュトラールズント（Stralsund），シュテティン（Stettin），ダンツィヒ（Danzig）やリーガ（Riga）などの都市は自立した商業活動を，またスウェーデンをはじめとする北欧諸国も近代に向け経済活動を展開していた．しかし，これまで国，都市の単位で17世紀後半から18世紀後半にいたる商業や商品に注目した研究がわずかに残されているだけで，都市と有力国家との動向を実証的かつ総合的に評価しようとする研究は少なかった[2]．

　そこで，本章では主にズント海峡の通行税台帳から，三十年戦争後の近世バルト海貿易における主要商品の輸送量の動向について明らかにし，ネーデルランド（本章ではズント（Sund）海峡通行税台帳で記されているネーデルランドを基本

82

表記とするが，引用文献に対応してオランダ表記も併用する），イギリス，フランス
など西方の中央集権国家に対し，北欧の国々ならびにバルト海沿岸の各地域の
ハンザ都市の輸送量の推移から，各都市の経済力維持と近代都市化の過程を再
検討してみたい[3].

1. ズント海峡通航船舶数

三十年戦争後，北欧ではデンマーク，スウェーデン間のスコーネン
（Schonen）戦争が生じ，ヨーロッパではネーデルランド継承戦争や3次に及ぶ
英蘭戦争が続いた．18世紀に入りバルト海地域では大北方戦争が北欧諸国に
大きな影響を与え，その後，ヨーロッパではオーストリア継承戦争，七年戦争
が勃発した．

北海・バルト海地域を横断する東西貿易の主要路は，16世紀以降次第にユ
トラント（Jütland）半島の付け根に位置するバルト海側のリューベックと北海
側のハンブルク（Hamburg）を経由して内陸を横断するルートから，半島を迂
回するルートが多く利用されるようになり，バルト海諸都市は北海商業圏と直
接結びついた．もちろん，嵩高でなく重量も大きくない高価な毛織物など商品
の一部は，以後も内陸の河川や運河経由で輸送されたであろう[4].

17世紀初頭から中頃にいたるズント海峡の通航船舶数はネーデルランドが
圧倒的に多く，イギリスも1640年代に増加しているが，はるかにネーデルラ
ンドに及ばず，フランスの船はきわめて少数であった[5]. 表1のように，三十
年戦争後の17世紀後半においてもズント海峡の通航船舶数はネーデルランド
が多く，1660年代ではイギリスはネーデルランドの1/10程度であり，フラン
スはそれよりもかなり少なかった．17世紀末にはネーデルランドの船舶総量
は90万トンで，イギリスは50万トンであったという[6]. 以後も，ネーデルラ
ンドは多少の増減はあるものの終始海峡の通航船舶数では諸外国をリードし
た．

北欧諸国ではスウェーデンが安定した通航船舶数を維持したが，三十年戦争
期に大きく減少した後，順調に海峡を通過する船舶数を伸ばした．1700年か

第5章 17～18世紀のバルト海におけるハンザ都市と国家 83

表1 17世紀後半～18世紀のズント海峡における主要国，都市通航船舶数

（単位：隻）

年	1661～70	1671～80	1681～90	1691～1700	1701～10	1711～20
リューベック	620	529	413	183	185	556
ロストク	489	227	217	205	301	154
シュトラールズント	1,188	489	768	886	942	15
シュテティン	321	162	464	1,375	1,148	35
ダンツィヒ	280	397	487	924	446	687
リーガ	49	2	29	475	267	-
ネーデルランド	11,082	9,368	15,032	8,422	5,841	7,538
イギリス[①]	1,132	4,169	4,057	2,038	1,078	2,765
スウェーデン	3,277	2,525	4,704	6,751	5,111	33
ノルウェー	655	815	2,207	2,316	1,795	530
デンマーク	868	1,280	2,028	3,539	3,598	667
全 体	22,379	22,657	33,915	30,647	22,369	15,390

年	1721～30	1731～40	1741～50	1751～60	1761～70	1771～80
リューベック	580	496	755	552	373	575
ロストク	206	118	225	194	343	612
シュトラールズント	362	389	452	395	407	549
シュテティン	224	461	806	667	519	1,312
ダンツィヒ	893	779	1,279	1,799	1,934	1,618
リーガ	57	94	82	42	48	150
ネーデルランド	12,539	13,092	11,352	13,386	16,301	15,485
イギリス[①]	5,094	5,439	4,769	5,872	7,959	11,398
スウェーデン	3,430	4,870	3,646	5,514	7,979	10,451
ノルウェー	1,525	2,147	2,634	3,106	3,336	3,603
デンマーク	2,070	1,981	2,734	3,018	4,172	4,565
全 体	31,307	33,713	36,325	44,450	51,878	64,798

（注） ① イギリスはイングランドとスコットランドの合計．以下の表も同様．

（出所） *Tabeller over Skibsfart og Varetransport gennem Øresund 1661–1783*. Udgivet ved N. E. Bang K. Korst. Anden Del: *Tabeller over Varetransporten. Første Halvbind: 1661–1720*. København 1939. Andet Halvbind Ⅰ: 1721–1760. København 1945. Andet Halvbind Ⅱ: 1761–1783. København 1953. より作成．

ら 1721 年の大北方戦争期にはスウェーデンの貿易全体が縮小し，海峡の通航
船舶数も大きく減少したが，18 世紀後半には回復，増加してイギリスとほぼ
同数に成長した．以後 18 世紀末に向けイギリスと同様に著しい成長を遂げ
た．大北方戦争期には北欧のノルウェー，デンマークも，海峡通航船舶数が減
少したが，ノルウェーは 1730 年代に戦争前の船舶数に回復し，デンマークも
1750 年代には戦争前の船舶数に近づいた．

　これに対し，バルト海地域のハンザ都市では，ハンザが終焉を迎える 17 世
紀初頭の三十年戦争勃発にいたる時期ならびに戦争開始期におけるリューベッ
ク船のズント海峡の通行数は，その東方に位置する中堅ハンザ都市ロストク，
シュトラールズントとともに多く，さらに三十年戦争の終盤にはリューベック
船は増加している[7]．三十年戦争時にはズント海峡経由の東西貿易の船舶数か
ら見る限り，なおリューベックがシュテティン，ダンツィヒなどのバルト海地
域の主要ハンザ都市をリードしていた．以後も 1670 年代まではバルト海都市
の中ではリューベック船は多く，その商業も停滞してはいなかったと考えられ
るのである．

　リューベックでは外国人同士の直接取引が禁じられており，外国人が都市外
で仕入れた商品は必ずリューベック市民の手を通さなければならないという規
定が制定されていたため，リューベックの発展の障害になったともいわれてお
り，確かに，1680 年代以降 1700 年代初頭までリューベックの海峡通航船舶数

表2　ダンツィヒからリューベック，ハンブルク，ブレーメンへの出港船舶数

(単位：隻)

年	1742〜51	1752〜61	1762〜71	1772〜81	1782〜91
リューベック	160	144	194	99	118
ハンブルク	2	44	85	8	60
ブレーメン	40	89	117	23	21
合計	202	277	396	130	199

　(出所)　P. Jeannin, Die Hansestädte im europäischen Handel des 18. Jahrhunderts. *Hansische Geschichts-blätter*. 89. 1971. S. 64.

第5章 17〜18世紀のバルト海におけるハンザ都市と国家 85

は大きく減少している[8]．1680年代にはシュトラールズント，シュテティン，ダンツィヒがリューベックを上回るようになり，全体の船舶数の増加の中で18世紀中頃以降その差は拡大した．しかし，18世紀後半のバルト海内の船舶移動ではあるが，表2のようにダンツィヒからリューベックに向けた出港船舶数は少なくないし[9]，18世紀後半にはリューベックからフランスへの船舶数，輸送量が増加しているのも事実である[10]．

2．塩，鰊，穀物貿易

16世紀から17世紀中頃にはネーデルランド商人の手によってフランス産など西方の塩がバルト海にもたらされるようになり，特に17世紀前半には全体の3/4以上を維持し，多い年には91％にも達したのである[11]．塩輸送におけるネーデルランド船の割合は圧倒的に高かったのである．当時アムステルダム（Amsterdam）では塩は他の商品とともに倉庫に蓄えられ，年中販売されたといい，需要に対応して速やかに各地に供給できる体勢が整っていたこともその一因となったのであろう．北海からバルト海への海路の塩の全輸送量は16世紀後半から17世紀初頭にかけて増加し，表3のように，17世紀後半には20万ラスト（Last）以上を維持した．大北方戦争期に一時減少したものの18世紀中頃には35万ラストに達し，1760年代には38万ラスト余りにいたった．

17世紀後半から18世紀末にいたる塩の輸送量を船籍の国別，都市別に見ると，ネーデルランドは1672年から1678年のオランダ侵略戦争の時期に輸送量を減少させるなど各期に多少の変動はあるものの輸送量に大きな変化はない．しかし，塩の総輸送量が増加した結果，1720年以降その割合は40％以下となり，1771年からの10年では30％程度にまで落ち込んだ．イギリスは1670年代と大北方戦争期から1730年代，また1770年代に輸送量を増やすが，他は1万ラストを超える程度の輸送量で推移した．フランスは1680年代と90年代末，1720年代に一定の輸送量を示すが，全体として輸送量を示す記録は少ない．

スウェーデンの塩貿易は17世紀後半から18世紀初頭に向け増加したが，お

表3 塩のズント海峡輸送量

（単位：ラスト）

年	1661～70	1671～80	1681～90	1691～1700	1701～10	1711～20
リューベック	14,846	17,652	9,742	5,955	6,311	11,058
ロストク	218	502	258	10	21	76
シュトラールズント	–	–	150	26	128	105
シュテティン	157	10	–	–	767	402
ダンツィヒ	3,372	12,229	8,489	22,599	14,528	25,688
リーガ	142	–	–	1,294	561	–
ネーデルランド	149,017	185,310	185,210	94,062	110,243	132,406
イギリス[①]	3,700	84,114	27,871	10,237	6,516	51,492
スウェーデン	1,964	769	1,002	1,716	1,708	76
ノルウェー	197	725	946	4,390	12,709	1,718
デンマーク	1,318	4,145	2,266	53,030	24,654	149
全 体	185,601	257,503	249,357	212,365	186,319	229,812

年	1721～30	1731～40	1741～50	1751～60	1761～70	1771～80
リューベック	13,057	6,806	15,547	6,453	2,167	2,799
ロストク	94	152	65	69	185	532
シュトラールズント	1,318	1,783	4,000	1,530	1,322	2,590
シュテティン	996	446	2,643	1,022	636	3,909
ダンツィヒ	23,615	19,288	38,237	45,722	45,614	28,948
リーガ	369	486	2,202	892	153	728
ネーデルランド	119,609	118,391	154,050	134,470	151,789	122,044
イギリス[①]	44,540	34,825	11,107	17,348	17,394	42,041
スウェーデン	36,252	59,255	10,697	83,131	95,811	98,278
ノルウェー	5,765	3,667	6,325	2,827	2,845	1,106
デンマーク	5,410	5,415	10,933	7,131	9,427	10,688
全 体	262,463	266,409	352,896	338,855	387,534	379,913

（注）　①　イギリスはイングランドとスコットランドの合計額．ただし，1733，1735～37，1739 年はイングランドのみ．
（出所）　表1に同じ．

そらくは大北方戦争と関連して北欧地域の安全が維持されなかったと思われる1708〜1719年にズント海峡を通過するスウェーデン船の塩取扱記録はほとんどない．1720年に76ラストの塩が輸入されてから貿易は復活し，以後順調かつ急激に輸送量は増加した．1750年代以降は8万ラスト以上の輸送量が維持され，塩の総輸送量の20%以上を占め，1760年代には25%を占めるにいたった．1769〜1771年にはスウェーデンの塩輸入額は全輸入額の年平均で5.4%に達したという[12]．17世紀末から18世紀初頭にはノルウェーの塩の輸送量が急増し，フィンランドも大北方戦争期の1727年に25ラストの輸送量が示されてから，ほぼ恒常的に輸送量が示され，18世紀後半に増加していく[13]．

　バルト海地域のハンザ都市では，17世紀以降18世紀にかけてリューネブルク塩が，量は少ないものの，リーガ，レーバル（Reval）にリューベック経由でもたらされていたことが知られている．17世紀中頃から末に向けて減少傾向にあるものの，なお継続して供給されたのである[14]．人口増加などによる需要の拡大と高品質の塩の需要によってリューネブルク塩の生産，輸出は20世紀にいたるまで続けられたのであろう[15]．リーガでは17世紀末と18世紀中頃に海峡の塩輸送量が大きく増大しているが，総体的に少ない．1670年代には1万8000ラスト弱を海峡経由で西方の塩を輸送していたリューベックは1730年代に約1/3に輸送量を減少させた．同世紀中頃には一時1万5000ラストを超える輸送量となったが，後半以降急減した．反対に，ダンツィヒは17世紀後半に輸送量を増加させ，以後増減を繰り返すものの1741年以降総量に占める割合も10%を超え，18世紀中頃にはイギリスの2〜3倍の輸送を行っている[16]．おそらくはヴァイクセル（Weichsel）河流域の後背地における穀物増産とその西方への輸出増加を支えた人口増加や北欧，ロシアなどによる需要の増加と関連するのであろう．シュトラールズントは17世紀後半には少ない輸送量で推移していたが，大北方戦争後に増加し，1770年代にはリューベックの輸送量に近づいた．シュテティンも同様に輸送量を増減しつつ1770年代にはリューベックを超えた．

　表4のように，17世紀末には海峡経由バルト海地域にもたらされた鰊の輸

表 4　鰊のズント海峡輸送量

(単位：ラスト)

年	1661〜70	1671〜80	1681〜90	1691〜1700	1701〜10	1711〜20
リューベック	461	300	295	1,115	234	265
ロストク	753	370	293	236	56	101
シュトラールズント	－	1	－	－	24	51
シュテティン	－	155	－	69	123	225
ダンツィヒ	74	345	286	1,102	149	473
リーガ	－	－	－	11	2	－
ネーデルランド	25,535	19,063	29,395	17,361	3,258	11,988
イギリス	461	5,572	4,105	4,915	6,861	14,006
スウェーデン	129	86	24	108	206	5
ノルウェー	429	1,445	1,974	3,465	906	204
デンマーク	491	1,610	1,514	2,221	1,153	102
全　体	28,920	29,657	38,507	30,909	13,408	29,303
年	1721〜30	1731〜40	1741〜50	1751〜60	1761〜70	1771〜80
リューベック	126	66	219	177	388	31
ロストク	116	400	2,681	3,571	3,186	2,368
シュトラールズント	329	776	595	419	3,891	827
シュテティン	859	1,644	1,258	1,308	1,880	3,223
ダンツィヒ	146	1,274	557	448	262	287
リーガ	30	15	292	－	153	208
ネーデルランド	13,955	12,859	9,994	12,384	9,175	12,385
イギリス	11,318	7,568	5,948	6,436	1,136	1,202
スウェーデン	2,082	2,361	3,047	23,390	73,377	39,266
ノルウェー	1,449	7,385	12,371	11,876	5,289	1,264
デンマーク	1,559	1,718	4,509	4,462	4,093	728
全　体	34,827	39,603	47,213	72,703	116,273	70,550

(出所)　表1に同じ.

第5章　17～18世紀のバルト海におけるハンザ都市と国家　89

送量は，大北方戦争期にイギリス（スコットランド）が，1740 年代にはノル
ウェーが一時最大の輸送量になったが，それ以外の時期にはネーデルランドが
最も多かった．1680 年代から 1690 年代にはほとんど記録のなかったスウェー
デンは，18 世紀中頃には輸送量が急増して，1760 年代には全体の 63％を占め
るにいたった．18 世紀にネーデルランドが増加しなかった一因は，その鰊漁
船の減少からも推測できる[17]．

　18 世紀前半にダンツィヒにもたらされる魚類は 90％以上が鰊で占められ，
国別ではオランダ，イギリス，ノルウェーの順であった[18]．その中でリュー
ベックなどハンザ都市の輸送量は総じて少なく，ダンツィヒの輸送量は大北方
戦争後に一時増加したが，以後大きな増加を示してはいない．18 世紀後半，
他のハンザ都市ではロストク，シュトラールズント，シュテティンの輸送量が
増すが，1760 年代以降にはスウェーデンの輸送量が圧倒的に多くなるなど，
塩同様にバルト海地域における生活物資の供給にスウェーデンが影響力を増し
たと考えられる[19]．

　表 5 のように，穀物貿易ではネーデルランドの輸送量は三十年戦争の終了後
から一貫して多く，特に 1680 年代が突出して多い．1674 年から 1689 年まで
イギリスの輸送量は多いが，1690～1710 年には大きく減少し，1771～1780 年
に急増している．1710 年代には少ないながらも継続した取扱量が示されるフ
ランスは，1680 年代前半と 1690 年代中頃に数字が示されるが，多くはない．
大北方戦争後，スウェーデン，ノルウェー，デンマークの輸送量は恒常的に明
らかとなり，3 国の輸送量の合計は 1760 年代に急増した[20]．

　すでに 1392 年にはイギリス船 300 隻がダンツィヒに入港していたことが知
られており，早い時期からダンツィヒ発展の背景としてヴァイクセル川流域か
らもたらされる穀物の西方への輸出が活発に行われていたことがある[21]．ダン
ツィヒの穀物輸出量は，1470 年代の 2,000～2,200 ラストから，1646 年には 4
万 3400 ラストへと順調に増加した[22]．16 世紀後半には，穀物を海峡経由で西
方へもたらす輸出港として多数の船舶が出港し，1562～66 年には 4 万ラスト
以上の穀物が，16 世紀末にはイタリアの食料不足に対応して大量の穀物が，

表5　バルト海地域から西方への穀物のズント海峡輸送量

（単位：ラスト）

年	1661～70	1671～80	1681～90	1691～1700	1701～10	1711～20
リューベック	3,649	1946	7,175	3,361	2,113	3,982
ロストク	4,814	1,441	1,881	944	1,586	396
シュトラールズント	146	21	51	95	468	124
シュテティン	47	102	22	156	536	101
ダンツィヒ	1,874	10,399	16,672	41,328	11,185	13,391
リーガ	－	10	－	931	181	－
ネーデルランド	360,132	391,648	699,902	375,386	235,483	215,491
イギリス	2,882	21,436	16,398	1,842	272	5,773
スウェーデン	906	470	775	1,214	218	97
ノルウェー	6,421	7,214	10,951	15,020	7,987	4,908
デンマーク	5,651	8,258	11,964	39,268	10,351	2,961
全　体	416,911	464,313	811,228	535,886	282,845	259,495

年	1721～30	1731～40	1741～50	1751～60	1761～70	1771～80
リューベック	1,753	3,495	1,952	2,296	2,292	5,202
ロストク	1,073	615	2,121	2,542	7,710	9,571
シュトラールズント	5,542	2,834	1,110	1,703	6,450	8,357
シュテティン	4,082	4,451	4,410	3,341	3,424	6,298
ダンツィヒ	27,826	15,657	21,449	30,979	40,283	27,143
リーガ	38	675	218	2	301	2,133
ネーデルランド	290,127	268,709	158,434	229,223	344,180	341,464
イギリス	25,179	7,227	2,848	7,037	17,976	63,559
スウェーデン	7,358	6,702	3,671	8,776	16,629	27,333
ノルウェー	11,070	8,115	19,641	12,080	16,573	12,953
デンマーク	6,461	5,058	8,351	7,389	23,565	16,189
全　体	435,468	362,534	261,467	361,122	609,404	679,178

（出所）　表1に同じ．

第 5 章　17〜18 世紀のバルト海におけるハンザ都市と国家　91

主にネーデルランド船によって輸送された．16 世紀後半から 17 世紀前半にかけてのダンツィヒの穀物輸出はバルト海全体の 70％以上を占めていたといわれている[23]．ネーデルランドの輸送が多かったのは，穀物の集散地であるバルト海地域の諸都市の輸送船舶が十分でなかったことが一因であると考えられている[24]．

　三十年戦争勃発時の 1618 年にはダンツィヒには 12 万 9000 ラストの穀物がもたらされ，11 万 6000 ラストが再輸出された．そのうち 8 万 5000 ラストが海峡経由で西方にもたらされた．主な穀物はライ麦で 7 万 4000 ラストに達した．その後三十年戦争時にもズント海峡を通過したダンツィヒ経由の穀物輸出は，1630 年前後の数年を除き 4 万〜5 万ラストを維持し，一時の減少も戦後にはほぼ回復した[25]．ダンツィヒの 18 世紀前半の 50 年間の穀物輸出は，年平均が 2 万 1700 ラストであったが，1760 年代に一時大きく成長し，1770 年代から 1780 年代まで減少した[26]．しかし，1798〜1802 年には 5 万ラストを超え，1803〜1805 年の 3 年間では年平均 5 万 5800 ラストにまで増加している[27]．

　ダンツィヒによるズント海峡経由の穀物輸送量は，1670 年代以降大量となり，特に 1690 年代に増加．大北方戦争期に減少したものの以後増加し，1760 年代に頂点に達している．この間の年ごとの変化では 1680 年から 1684 年，1692 年から 1695 年に輸送量は大きく伸び，1693 年には 1 万ラストに迫る輸送量となった．しかし，ポーランド国内の王位継承の内乱の後 1735〜1738 年に大きく減少し，1748〜1752 年に再急増し，5,000〜6,000 ラストで推移した．また，穀物の種類では，18 世紀前半まではライ麦輸出が多かったが，後半から末にかけて小麦輸出が増加し，その傾向は 19 世紀初頭まで増幅しつつ継続した[28]．

　大北方戦争期までほとんどズント海峡の関税台帳記録に表れないオーデル（Oder）川の河港の都市シュテティンの穀物の輸送量は，17 世紀後半には少なかったが，大北方戦争後の 1720 年代には，あまり大きく輸送量を増やせなかったリューベックを超え，ダンツィヒの 1/7 に達している．ダンツィヒが輸送量を増した 1760 年代にはリューベック，シュテティンは大きな増加は見ら

92

れず，ロストク，シュトラールズントの増加が著しい．シュテティンは1770
年代に倍増し，リーガも急増しているが，逆にダンツィヒは1776年以降大き
く減少している．こうした輸送量の増減の理由の多くは，気象状況や各地の作
柄との関連した西方の需要との関連があると考えられるが，明らかではな
い[29]．

3．毛織物，ワイン，植民地物産貿易

　以上のような旧来からの嵩高の生活必需品の貿易に対し，高価な貿易品とし
て毛織物を取り上げたい．表6のように，毛織物のバルト海地域への輸送で
は，17世紀後半から大北方戦争を挟んで1720年代までネーデルランドがイギ
リスに対し優位に立っていたが，1730年代に両国の輸送量はほぼ同数となり，
以後イギリスがネーデルランドを圧倒し，次第にその差を大きくする．北欧諸
国では，大北方戦争後，スウェーデン，デンマークが輸送量を増やし，特にス
ウェーデンは1720年代，1730年代にはダンツィヒを凌駕する輸送量となる
が，以後ダンツィヒに及ばない．ダンツィヒは，リューベックよりはきわめて
多いものの——ただし，リューベックの海峡経由の毛織物輸送量が少ないのは
内陸経由でももたらされていたことを考慮すべきであろう——，ネーデルラン
ド，イギリス両国には遠く及ばなかった．しかし，大北方戦争後急激に取扱量
を増加させ，1760年代にはネーデルランドに匹敵する貿易量に迫った[30]．他
のハンザ都市は，大北方戦争期後に多少増加するが，シュトラールズントが
1730～1750年に増加し，シュテティンが1740年代に大きく増加している程度
であった．

　ワインは，ラインワインと「他のワイン」に分けられている．ラインまたは
モーゼルワインの量の表示はオーム（Ohm）（1 Ohm ≒ 154リットル）で統一さ
れているが，「他のワイン」の輸送量は，ファーデ（Fade, Fad），主にスペイン
産のピバー（Piber）とフランス産のオクスホフト（Oxhoft もしくは Oksehober の
略）と思われる（Oxh）の3つの単位（樽の大きさ）で示されている．これらの
単位は1 Fad（Fade）は927リットル，1 Oxh=2 Piber = 464リットルと推定

第 5 章　17〜18 世紀のバルト海におけるハンザ都市と国家　93

表 6　バルト海への毛織物のズント海峡輸送量

（単位：反）

年	1661〜70	1671〜80	1681〜90	1691〜1700	1701〜10	1711〜20
リューベック	3,293	196	82	90	930	644
ロストク	342	−	50	144	−	37
シュトラールズント	−	−	240	−	−	−
シュテティン	12	8	−	−	−	113
ダンツィヒ	13,986	14,241	26,680	19,926	2,484	1,719
リーガ	−	−	−	18	259	−
ネーデルランド	183,345	210,503	408,872	218,817	120,307	172,743
イギリス[①]	120,265	162,029	188,677	147,512	135,235	120,710
スウェーデン	616	1,499	208	276	120	1,988
ノルウェー	796	598	−	13,544	386	12
デンマーク	607	658580	7,313	3,872	35	
全　体	357,900	401,091	636,412	421,657	272,147	298,373

	1721〜30	1731〜40	1741〜50	1751〜60	1761〜70	1771〜80
リューベック	1,271	277	1,277	621	103	490
ロストク	326	4	24	47	1,687	261
シュトラールズント	658	3,431	3,852	771	1,872	1,640
シュテティン	278	951	5,250	2,930	713	5,239
ダンツィヒ	4,808	16,950	36,925	60,579	104,887	21,369
リーガ	384	423	134	9	105	390
ネーデルランド	191,573	159,779	234,515	143,784	120,405	137,952
イギリス[①]	129,542	158,487	320,101	297,956	358,148	414,218
スウェーデン	88,987	49,429	31,091	43,848	4,183	3,658
ノルウェー	630	379	1,023	4,231	1,051	610
デンマーク	3,695	4,915	7,746	8,511	15,405	1,540[⑨]
全　体	438,747	434,479	683,683	608,896	659,334	712,779

（注）　①　1666, 67, 68, 73, 90〜92, 95, 97 年, 1703, 12, 16, 35〜37, 44〜46, 48, 51, 53, 56,
　　　　63, 67, 68, 76, 78 年のスコットランドの記録なし, イングランドのみ.

（出所）　表 1 に同じ.

94

されている．異なる単位で示されていることからは，単に樽の大きさや産地だ
けでなくそれぞれのワインの質やそれにともなう価値の違いを示していること
も考えられるであろう[31]．

　表7のように，ラインワインの輸送量は「他のワイン」に比べ少ない．ただ
し，ラインワインの場合，特にバルト海西部地域では内陸の河川経由でもたら
された可能性を考慮すべきであろう．その中で海峡経由の輸送量ではネーデル
ランドが圧倒的に多く，それにつぐスウェーデン，デンマークの輸送量は大北
方戦争時に激減した後増加するが，18世紀後半には減少傾向に転ずる．それ
に対しリューベックは増加傾向を示す．ダンツィヒでは18世紀前半のワイン

表7　ラインワインのズント海峡輸送量

（単位：リットル）

年	1661~70	1671~80	1681~90	1691~1700	1701~10	1711~20
リューベック	25,487	－	924	－	－	－
ネーデルランド	3,276,658	2,696,848	2,640,976	875,798	881,650	1,892,968
スウェーデン	13,860	38,192	20,636	2,926	－	－
ノルウェー	16,016	4,235	－	41,426	2,972	－
デンマーク	1,694	39,963	141,218	405,790	154,231	120,012
全　体	3,421,264	2,985,521	2,874,641	1,425,116	1,056,994	1,983,058
年	1721~30	1731~40	1741~50	1751~60	1761~70	1771~80
リューベック	6,468	4,389	6,622	28,844	25,564	87,149
ダンツィヒ	164	292	419	167	209	64
ネーデルランド	1,835,680	1,260,336	969,430	809,732	107,977	615,414
イギリス	10,318	8,701	24,486	1,694	693	986
スウェーデン	448,910	418,110	280,896	80,203	119,427	79,048
ノルウェー	50,866	51,328	50,666	10,472	154	308
デンマーク	327,588	275,352	221,298	301,224	176,176	161,284
全　体	3,141,908	2,954,490	2,592,128	2,267,650	2,018,632	1,404,326

　（注）　1 Ohm=154リットルで計算．
　（出所）　表1に同じ．

第 5 章　17～18 世紀のバルト海におけるハンザ都市と国家　95

輸入は約89%がフランスからのもので，他にはおそらくはネーデルランド経由でもたらされたラインワインが約9%輸入されたにすぎなかったといわれる[32]．

　表 8 のように，ワインの産地や品質を考慮せず「他のワイン」の輸送量からのみ見た場合，ネーデルランドの輸送量が圧倒的に多いが，ハンザ都市の中ではダンツィヒの輸送量が多い．1701 年から 1710 年には大北方戦争期でありながら約 350 万リットルにも及び，リューベックの輸送量を超えた．さらに 1710 年代には，前 10 年の 3 倍以上に増加し，ポーランド国内が混乱した 30 年代に減少するものの，1750 年代にリューベックより 10 年程度遅れて頂点に達した．しかし，以後 18 世紀を通じてリューベックに及ばず，18 世紀末には，1/3 程度の輸送量しかなかった[33]．こうした状況下でシュテティンが 18 世紀中頃に急増し，1770 年代にはダンツィヒを超え，リューベックに迫る輸送量になった．バルト海地域の中小ハンザ都市では，例えばロストクの「他のワイン」の輸送量も 1721～1730 年に一時リューベックの 7% 程度にはなったが，それ以外の時期はわずかであった．シュトラールズントでは，1720 年代からワイン貿易が継続的に行われるようになったが，ロストクではそれは 18 世紀後半のことであった．ピパーの樽がスペイン産，オクスホフトの樽がフランス産であるとすれば，ネーデルランド，イギリスの輸送は総じてスペイン産が多かった．リューベックでは 17 世紀後半はフランス産の方が多かったが，18 世紀前半にはスペイン産が，後半には再びフランス産が多くなった．ダンツィヒでは総じてスペイン産が主流で，シュテティンでも 1750 年代まではスペイン産が多かったが，以後フランス産が伸び，1770 年代には逆転したと思われる[34]．

　表 9 のように，植民地物産のズント海峡の総輸送量は 1660 年代から 1720 年代に約 4 倍に増加し，さらに 1770 年代にもその 4 倍弱の増加をするなど，植民地物産が異様に高い数値を示す 1771 年を除外しても——なお，この年のみ単位を 1,000 ポンドではなく，ポンドとすると例年並みとなる——，全体の輸送量は増加を続けた[35]．近世以降貿易は全般的に強力な国家権力の後援のもと

表 8 ラインワイン以外の「他のワイン」のズント海峡輸送量

(単位：千リットル)

年	1661～70	1671～80	1681～90	1691～1700	1701～10	1711～20
リューベック	1,713	8,813	5,277	1,182	2,744	14,084
ロストク	121	62	12	1	2	686
シュトラールズント	－	－	－	－	87	－
シュテティン	3	15	－	－	3	118
ダンツィヒ	638	1,696	2,631	1,970	3,532	11,677
リーガ	－	－	－	49	25	－
ネーデルランド	11,623	13,011	20,746	9,980	4,998	21,742
イギリス	555	9,080	2,337	705	149	1,958
スウェーデン	244	8	292	444	374	5
ノルウェー	155	153	730	1,652	2,889	756
デンマーク	684	2,303	6,222	17,564	18,128	1,781
全 体	19,388	39,279	46,297	36,418	34,177	56,222

年	1721～30	1731～40	1741～50	1751～60	1761～70	1771～80
リューベック	17,572	19,436	24,506	22,358	17,958	22,948
ロストク	1,280	13	92	126	10	63
シュトラールズント	727	722	1,018	948	810	217
シュテティン	2,096	5,703	13,639	13,530	6,484	19,957
ダンツィヒ	10,607	6,944	17,777	20,146	16,957	7,457
リーガ	100	453	178	51	446	297
ネーデルランド	22,281	30,350	32,317	64,313	122,814	52,123
イギリス	1,740	1,555	735	2,432	2,559	5,068
スウェーデン	8,539	11,676	14,068	20,644	20,193	25,495
ノルウェー	837	10,687	980	1,885	2,519	3,745
デンマーク	12,372	13,577	16,090	21,184	20,944	17,404
全 体	83,090	96,676	135,276	188,841	237,293	203,649

(注)　1 Fad = 927 リットル，1 Piber = 2 Oxh = 464 リットルと換算（Den Store Danske Encyklo-pædi. Gyldendal）.

(出所)　表 1 に同じ.

表 9　植民地物産のズント海峡輸送量

（単位：千ポンド）

年	1661〜70	1671〜80	1681〜90	1691〜1700	1701〜10	1711〜20
リューベック	217	804	370	95	229	602
ロストク	65	40	15	4	24	65
シュトラールズント	−	−	−	−	135	
シュテティン	4	3	−	−	10	43
ダンツィヒ	275	1,692	2,481	2,531	926	587
リーガ	−	−	−	83	34	−
ネーデルランド	15,077	16,872	23,620	19,132	18,342	28,877
イギリス	1,402	8,167	8,627	6,303	5,863	11,631
スウェーデン	20	119	61	507	95	25
ノルウェー	51	113	18	444	180	21
デンマーク	255	162	206	4,884	4,004	98
全　体	18,188	27,964	36,260	36,650	30,530	43,365

年	1721〜30	1731〜40	1741〜50	1751〜60	1761〜70	1772〜81[1]
リューベック	1,644	2,284	4,677	3,679	1,379	9,165
ロストク	98	4	120	326	1,449	2,445
シュトラールズント	199	1,115	2,736	3,507	1,937	1,640
シュテティン	230	1,459	4,349	14,730	24,348	65,883
ダンツィヒ	1,518	2,898	6,253	9,752	19,843	15,490
リーガ	100	104	107	26	44	795
ネーデルランド	32,776	33,248	31,345	31,415	71,338	65,808
イギリス	17,350	14,176	10,210	19,691	36,835	35,720
スウェーデン	11,656	13,792	20,728	19,240	21,782	35,629
ノルウェー	245	569	2,633	577	1,428	2,468
デンマーク	3,234	4,082	3,604	6,771	7,232	10,423
全　体	75,532	85,559	102,958	128,437	218,185	318,076

　（注）　①　植民地物産が傑出して多い 1771 年を除外して計算．
　（出所）　表 1 に同じ．

で展開し，しかも主流の交易品は18世紀には利益率の高い植民地物産へと移行していったのである．

　大北方戦争後ネーデルランドは高水準で維持し，それにつぐイギリスは1730年代から1740年代にかけて減少傾向にあったが，1750年代以降に増加傾向を見せる．北欧では，スウェーデンの輸送量が多く増加傾向を示し，デンマークも安定した輸送量を維持している．18世紀後半には，総じて北欧3国の植民地物産取扱量は増加するが，スウェーデンが最も多く，デンマークがそれにつぐ状況が続いた．しかし，1770年代に入るとデンマークが急増し1000万ポンドを超えた．スウェーデンでは国内総輸入額の約17%に増加し，ズント海峡の輸送量はイギリスと並んだ[36]．

　ハンザ都市では，ダンツィヒの植民地物産の輸送量は，大北方戦争期に停滞した以外は，18世紀半ばまで順調に増大している．18世紀前半のダンツィヒの平均輸入額は約68万ポンドであった[37]．リューベックの植民地物産貿易は17世紀末から18世紀初頭にかけての減少後，18世紀半ばまで総量を増加させたが，1730年代にはダンツィヒがリューベックを超えた．1740年代から1760年代までリューベックが停滞傾向を示す中で，1760年代にはダンツィヒはリューベックの14倍余りとなったのである[38]．この頃には，リューベック経由の砂糖，コーヒーなど植民地物産が内陸経由でもダンツィヒにもたらされていた[39]．このように，18世紀のダンツィヒの植民地物産貿易は1761〜1770年に1つの頂点を迎えたのである．バルト海地域の植民地物産貿易ではリューベックとダンツィヒの中間に位置するシュテティンの台頭が著しく18世紀前半までほとんど数値に表れなかったが，1740年代にはリューベックと並び，1750年代にはダンツィヒを超えた．その一因は，18世紀中頃に，ベルリンで製糖工場が完成し，シュテティンからオーデル（Oder）川経由で砂糖がもたらされたことにあろう．1720年代には23万ポンドを超えるにすぎなかったシュテティンの植民地物産の貿易量は1770年代には約300倍に急増し，それは同時期のダンツィヒの4倍に相当した．シュテティンはバルト海地域の植民地物産の一大集散地へと成長したのである[40]．

第5章　17～18世紀のバルト海におけるハンザ都市と国家　99

　バルト海地域の中堅のハンザ都市では，例えばロストクの植民地物産の輸送量が継続的に関税帳簿に記録されるようになったのは18世紀中葉以降のことであり，1760年代にはリューベックの植民地物産貿易量が減少したこともあり，ほぼ同量となった．シュトラールズントでも1730年代から植民地物産輸送が継続的に行われるようになった．これらのことは，おそらくは17世紀中頃までは，中堅のハンザ都市は東方もしくは後背地からの食料貿易には携われても，植民地物産のような遠隔地貿易という大きな「投資」の必要な貿易には参入できずにいたことを示すものであり，その時点では植民地物産貿易でも一定の割合をリューベックは維持できたと思われる．しかし，バルト海の西側地域においてそれら都市の参入が競合するリューベックの遠隔地貿易を停滞に導いたことを示しているようにも見える．17世紀から18世紀における都市リューベックの貿易量から見る限り，量は少ないながらも経済活動が極端に低下しているとはいえないが，ダンツィヒやシュテティンのような大きな増加は見られず，停滞が見られるのは確かである[41]．18世紀後半には，リューベックと近隣のロストク，シュトラールズントの輸送量を合わせても，ダンツィヒの輸送量には及ばなかったのである．

おわりに

　17世紀初頭から18世紀初頭にいたる約1世紀をウォーラーステインが，近代世界システムの収縮期「17世紀の危機」と評したように[42]，バルト海地域においても三十年戦争の終結後，18世紀初頭まで船舶数，貿易量ともに大きく増加はしなかった．西側の北海とバルト海域間の通航船舶数ではネーデルランドが終始リードし，世界貿易において覇権を争うスペイン，イギリス，フランスではあったが，バルト海商業圏においてはネーデルランドの優位は変わらなかった．そうした中で18世紀初頭の大北方戦争後には北欧3国の増加が目立ち，特にスウェーデンの商業活動が活発になった．バルト海と北海の商業圏が直接結合し，政治経済的に強化された中央集権国家の商業進出など社会状況が変化する中で，バルト海地域の北欧各国や各ハンザ都市は多様な商業展開を

してきた.

　塩貿易においてもイギリス，フランスの塩の輸送量は少なかった．近世バルト海においてリューネブルク塩の貿易量は次第に減少し，西方からの塩が大半を占めるにいたった．塩貿易では最西端のポルトガル，スペインから東方ロシアのバルト海沿岸地域まで北ヨーロッパを横断する東西交易として，17世紀後半から18世紀を通じてネーデルランドが中心的役割を果たし，他の商品貿易をも巻き込んで独自の展開をしていた．大北方戦争後スウェーデンがそれにつぐ輸送量となり，ハンザ都市では17世紀末以降ダンツィヒが高い輸送量を維持し，リューベックは18世紀後半には急減する．

　鰊貿易でも大北方戦争終了まではネーデルランドが最大の輸送国でイギリスがそれに続いたが，戦後北欧3国が中心になった．ハンザ都市の輸送量は総じて少ない．穀物輸送量でもネーデルランドの優位が続き，穀物の集散地ダンツィヒが続いたが，18世紀後半には北欧諸国が台頭し，近隣の中堅ハンザ都市も参入した．海峡経由の西方へのダンツィヒの穀物輸出はバルト海地域の都市では最大量を維持し，18世紀前半から後半にかけて増加し，1760年代には頂点に達している．輸送穀物もライ麦中心から小麦へと変化が見られた．

　こうした嵩高の生活必需品に対し，毛織物貿易量は大北方戦争後，バルト海地方の平和の実現とともに総体的に増加し，18世紀後半にはイギリスがネーデルランドを圧倒する．おそらくは河川，運河経由の貿易も増加したものと思われる．両国の輸送量は，大北方戦争期に減少したが，増減を繰り返しながらも安定している．大北方戦争中に大幅に減少した北欧3国では，戦後特にデンマーク，スウェーデンが急増し，バルト海域の都市ではダンツィヒの成長が著しく，他は多くはなかった．

　ワイン，植民地物産貿易でもネーデルランドが最も多い輸送量であったが，ワインは大北方戦争期後半からバルト海地域のハンザ都市，北欧諸国もまた多くの輸送量を維持し，イギリスがそれに続いた．ダンツィヒの植民地物産輸入量は18世紀前半には確実に成長し，その全体量に対する割合ともに1760年代まで増加を続けたが，それよりも大きく成長したのがシュテティンであった．

その成長は 1750 年代以降著しく 1770 年代にはダンツィヒをはるかに凌駕した.

　リューベックは，三十年戦争後には早期にワインや植民地物産貿易に参入するなど，遠隔地貿易をなお活発に展開していた．リューベックの経済事情は社会環境の変化への対応を通じて少なくとも 17 世紀から 18 世紀前半には必ずしも悪化していなかったと思われる.

　しかし，バルト海地域のハンザ都市がワイン貿易や植民地貿易など遠隔地貿易に参入してくると，以後リューベックの新たな経済発展につながる貿易は進展せず，18 世紀後半には輸送量の停滞傾向は顕著となり，市の経済もまた進展を見ることはなかったと推測されるのである．これに対し，ダンツィヒの総体的輸送量は確実に増大し，1760 年代には頂点に達したと思われるのである．この時期までは，世界貿易の一端を成すバルト海貿易において，毛織物を除くほとんどの商品でネーデルランドの圧倒的優位は変わらず，それにイギリスが続き，大北方戦争後にはスウェーデンなど北欧諸国の輸送量が急増する．フランスは塩，ワインの供給国でありながら，ほとんどズント海峡輸送に数字を残していない．そうした環境下で，リューベックが停滞傾向を示し，ダンツィヒ，シュテティンが増加する傾向にあった．中央集権国家が急速に成長する中で，ハンザ都市もまた都市ごとにそれぞれの立地条件などを活かしながら商業振興に努めて近代都市化を進め，18 世紀末近くまで経済力を維持してきたと考えられるのである.

1)　Brandt (1976), S. 182-196; Wohlwill (1897), S. 1-145；高村 (1959), 203-222 ページ；高橋 (2013), 262-270 ページ；ドランジェ (2016), 378, 382 ページ.

2)　例えば，Jeannin (1971), S. 41ff. では，主に，ハンブルク，リューベック，ブレーメンの 18 世紀の貿易量，商品価値などが検討されている．17 世紀から 18 世紀にかけてのバルト海商業全般についての邦人の研究成果としては，玉木 (2008), 189-229 ページ，ならびに斯波・玉木 (2015), 所収の諸論考がある．オランダによるバルト海貿易についての研究成果として石坂 (1986), 63-89 ページ，ならびに，ド・フリース／ファン・デア・ワウデ (2009), 368-407 ページ，ハンブルクのバルト海

貿易については，菊池（2012），27-51 ページ；同（2013），109-126 ページならびに斯波（2017），145-168 ページ，リューベックについては，斯波（2018），415-434 ページ，ダンツィヒについては同（2021），399-421 ページ，スウェーデンについては坂野（2022），1-25 ページなどがあげられる．

3) 1661～1709 年にはロストク，シュトラールズントなどヴェント（Wend）諸都市，スウェーデンの通行税が免除されていたため，台帳の記述が少ない，また，船籍は船長の居住地であり，例えば，免税の都市や国の船長，あるいはリューベック，ダンツィヒよりも課税率の低いデンマーク，ノルウェーの船長による輸送なども考慮されるべきであろうが，明らかでない．玉木（2008），104，192 ページ．

4) 菊池（2012），43-45 ページ．

5) *Tabeller over Skibsfart.* ①～③ (1906-1933).

6) 今井（1980），274 ページ；内田（1962），171 ページ．

7) *Tabeller over Skibsfart.* ① (1906), pp. 2-22, 26f, 58f, 82f, 122f, 162f, 202f, 242f, 282f, 318f, 358f, 386f. Vgl. Ressel (2012), S. 145ff.

8) ドランジェ（2016），369，374-375 ページ．

9) Jeannin (1971), S. 64.

10) Vogel (1928), S. 142-146.

11) Kulischer (1976), S. 209；玉木（2008），120，131-132 ページ参照．17 世紀末バルト海を航行したネーデルランド船総数の 7/8 は穀物，塩，木材，ワインなど嵩高商品であった．内田（1962），170 ページ参照．

12) *Tabeller over Skibsfart* ④ (1939), pp. 591, 602, 612, 621, 629, 641, 654, 664, 672, 681, 689；ミューラー（2006），113 ページ；Vgl. Heckscher (1954), pp. 194f.

13) *Tabeller over Skibsfart.* ⑤ (1945), ⑥ (1953).

14) Soom (1969), S. 36; Vgl. Dunsdorfs (1938), S. 469.

15) Witthöft (1958), S. 92ff; Bleeck (1966), S. 56-64, 80-86; Dunsdorfs (1938), S. 469f.；斯波（2018），423-425 ページ．

16) *Tabeller over Skibsfart.* ⑥ (1953).

17) 今井（1980），276 ページ．

18) Cieślaka (Hrsg.) (1993) Tom Ⅲ /1, p. 378.

19) Cieślaka (Hrsg.) (1993) Tom Ⅲ /1, p. 408；ド・フリース／ファン・デア・ワウデ（2009），397-399 ページ参照．

20) 1769～1771 年にはスウェーデンの総輸入額の約 2/3 が穀物で占められていた．ミューラー（2006），113 ページ．

21) 阿部（1974），228-229 ページ．

22) Samsonovicz (1975), p. 669；谷澤（2011），146 ページ；ドランジェ（2016），246 ページ．

第 5 章　17〜18 世紀のバルト海におけるハンザ都市と国家　103

23）　玉木（2008），118 ページ；ドランジェ（2016），361 ページ；石坂（1986），78 ページ.

24）　Kulischer (1976), S. 267.

25）　ドランジェ（2016），372 ページ.

26）　Cieślaka (Hrsg.) (1993) Tom Ⅲ /1, p. 402.

27）　Cieślaka (Hrsg.) (1993) Tom Ⅲ /1, p. 414.

28）　*Tabeller over Skibsfart.* ④ (1939), ⑥ (1953)；Gieślaka (Hrsg.) (1993) Tom Ⅲ /2, p. 40.

29）　*Tabeller over Skibsfart.* ④ (1939), pp. 217-263, 388-431; *Tabeller over Skibsfart.* ⑤ (1945), pp. 248-300, 490-580; *Tabeller over Skibsfart.* ⑥ (1953), pp. 352ff.；ド・フリース／ファン・デア・ワウデ（2009），394-397 ページ参照.

30）　*Tabeller over Skibsfart.* ⑤ (1945), pp. 3-327; *Tabeller over Skibsfart.* ⑥ (1953), pp. 3-194; Vgl. Dunsdorf (1938), S. 481；ド・フリース／ファン・デア・ワウデ（2009），399-402 ページ参照. リューベックの輸送量の増減が大きく，総量が少ないのは，特に海の安全が維持されない時にはハンブルクからエルベ河を経由して内陸から運ばれることが多かったことも一因であると思われる. 菊池（2012），27-51 ページ.

31）　デンマークの百科事典 Den Store Danske Encyklopædi. Gyldendal. リーガの輸入ワインはスペイン産には Pipen，フランス産には Oxhoft の単位で記されている. また，17 世紀のリーガでの輸入価格はラインワインが 1 樽 40 ライヒスターラー Reichstaler（以下 R と略す），スペインワイン 60 R，フランスワイン 20 R で，1 リットルあたりではスペインワインがフランスワインの 1.5 倍，ラインワインはフランスワインの 3 倍であったという. Dunsdorfs（1938），S. 468，470-471.

32）　Cieślaka (Hrsg.) (1993) Tom Ⅲ /1, p. 378.

33）　*Tabeller over Skibsfart.* ⑤ (1945).

34）　*Tabeller over Skibsfart.* ④ (1939); *Tabeller over Skibsfart.* ⑤ (1945).

35）　*Tabeller over Skibsfart.* ⑥ (1953), pp. 222-460.

36）　スウェーデンの植民地物産ではコーヒー，茶，砂糖などが重要であったという. ミューラー（2006），97-120 ページ.

37）　Cieślaka (Hrsg.) (1993) Tom Ⅲ /1, p. 376.

38）　*Tabeller over Skibsfart.* ⑤ (1945).

39）　Eckold (Hrsg.) (1998), S. 20.

40）　*Tabeller over Skibsfart.* ④ (1939), ⑤ (1945), ⑥ (1953).

41）　斯波（2018），415-434 ページ. リューベックでは，それまでの遠隔地からの貿易品の仲介貿易から市内生産物の地域内販売という経済活動への転換も進められていた. その結果，ハンザが終焉を迎える中で，リューベックの経済事情は社会環境の変化への対応を通じて少なくとも 17 世紀から 18 世紀前半には必ずしも悪化してい

なかったと思われる.

42) ウォーラーステイン (2013).

参 考 文 献

阿部謹也『ドイツ中世後期の世界』, 未來社, 1974 年

石坂昭雄「オランダ共和国の経済興隆とバルト海貿易 (1585-1660) ―ズント海峡通行税の一分析―」, 日蘭学会編『オランダとインドネシア』, 山川出版社, 1986 年

今井登志喜『都市の発達史―近世における繁栄中心の移動』, 誠文堂新光社, 1980 年

ウォーラーステイン, I. (川北稔訳)『近代世界システムII―重商主義とヨーロッパ凝集 1600-1750』, 名古屋大学出版会, 2013 年

内田直作「オランダ近代経済史の一問題点 (3)」『成城大学経済研究』第 16 号, 1962 年

菊池雄太「ハンブルクの陸上貿易　1630～1806―内陸とバルト海地方への商品流通―」『社会経済史学』第 78 巻第 2 号, 2012 年

菊池雄太「近世ハンブルクのバルト海海上貿易―中継貿易都市の流通構造に関する一考察―」『社会経済史学』第 79 巻第 2 号, 2013 年

坂野健自「「大国時代」におけるスウェーデンの貿易・海運業―ストックホルム海運業のポルトガルへの進出とその影響」『社会経済史学』第 88 巻第 2 号, 2022 年

斯波照雄・玉木俊明編『北海・バルト海の商業世界』, 悠書館, 2015 年

斯波照雄「17～18 世紀における都市ハンブルクの経済事情」『法学新報』第 124 巻第 1・2 号, 2017 年

斯波照雄「17～18 世紀におけるハンザ都市リューベックの経済事情」『商学論纂』第 59 巻第 3・4 号, 2018 年

斯波照雄「17～18 世紀のダンツィヒの貿易」『商学論纂』第 62 巻第 5・6 号, 2021 年

高橋理『ハンザ「同盟」の歴史』, 創元社, 2013 年

高村象平『ドイツ・ハンザの研究』, 日本評論新社, 1959 年

谷澤毅『北欧商業史の研究―世界経済の形成とハンザ商業―』, 知泉書館, 2011 年

玉木俊明『北方ヨーロッパの商業と経済　1550-1815』, 知泉書館, 2008 年

ド・フリース, J. ／ファン・デア・ワウデ, A. (大西吉之／杉浦未樹訳)『最初の近代経済　オランダ経済の成功・失敗と持続力　1500-1815』, 名古屋大学出版会, 2009 年

ドランジェ, Ph. (高橋理監訳, 奥村優子／小澤実／小野寺利行／柏倉知秀／高橋陽子／谷澤毅訳)『ハンザ』, みすず書房, 2016 年

ミューラー, L (玉木俊明／根本聡／入江幸二訳)『近世スウェーデンの貿易と商人』,

第 5 章　17〜18 世紀のバルト海におけるハンザ都市と国家　105

嵯峨野書院，2006 年

Bleeck, J., Die Lüneburger Saline von 1797 bis 1923. Eine Entwicklung vom Mittelalter zur Neuzeit. *Lüneburger Blätter.* Heft 17. 1966

Brandt, O., *Geschichte Schleswig-Holsteins.* Überarbeitet und erweitert v. W. Klüver. 1976

Cieślaka, E., (Hrsg.) *Historia Gdańska.* Tom III/1: 1655-1793. Gdańsk 1993

Cieślaka, E., (Hrsg.) *Historia Gdańska.* Tom III/2: 1793-1815. Gdańsk 1993

Dunsdorfs, E., *Der Auszenhandel Rigas im 17. Jahrhundert. Conventus primus historicorum Balticorum Rigae 1937.* Riga 1938

Eckold, M., (Hrsg.) *Flüsse und Kanäle. Die Geschichte der deutschen Wasserstrassen.* Hamburg 1998

Heckscher, E. F., *An economic history of Sweden.* Translated by G. Ohlin. London 1954

Jeannin, P., Die Hansestädte im europäischen Handel des 18. Jahrhunderts. *Hansische Geschichtsblätter*（*HGbll* と略）. 89. 1971

Kulischer, J., *Allgemeine Wirtschaftsgeschichte des Mittelalters und der Neuzeit.* Bd.2. Darmstadt 1976

Ressel, M., Von der Hanse zur Hanseatischen Gemeinschaft. Die Entstehung der Konsulatsgemeinschaft von Bremen, Hamburg und Lübeck. *HGbll.* 130. 2012

Samsonovicz, H., Change in the Baltic Zone in the XIII-XVI centuries. *Journal of Economic History.* 4-3. 1975

Soom, A., *Der Handel Revals im 17. Jahrhundert.* Wiesbaden 1969

Vogel, W., Beiträge zur Statistik der deutschen Seeschiffahrt im 17. und 18. Jahrhundert. *HGbll.* 53. 1928

Witthöft, H., Lüneburger Schiffer-Ämter. *Lüneburger Blätter.* Heft 9. 1958

Wohlwill, A., Aus drei Jahrhunderten der Hamburgischen Geschichte. (1648-1888). *Jahrbuch der Hamburgischen Wissenschaftlichen Anstalten.* XIV. Hamburg 1897

〈参考史料〉

Tabeller over Skibsfart og Varetransport gennem Øresund. 1497–1660. 3 Bde. Udgivet ved N. E. Bang/K. Korst. København, Leipzig. ①〜③ 1906-1933

Tabeller over Skibsfart og Varetransport gennem Øresund 1661–1783. Anden Del: Tabeller over Varetransporten. Udgivet ved N. E. Bang/K. Korst. Førster Halvbind: 1661-1720. København. ④. 1939

Tabeller over Skibsfart og Varetransport gennem Øresund 1661–1783. Anden Del: Tabeller over Varetransporten. Udgivet ved N. E. Bang/K. Korst. Andet Halvbind Ⅰ: 1721-1760. København. ⑤. 1945

Tabeller over Skibsfart og Varetransport gennem Øresund 1661–1783. Anden Del:

Tabeller over Varetransporten. Udgivet ved N. E. Bang/K. Korst. Andet Halvbind II : 1761–1783. København. ⑥ 1953

第6章　日韓流通比較研究の現在と未来

井　上　真　里

は じ め に

　本章の目的は，日本と韓国との流通に関する比較研究（以下では日韓流通比較研究と略記）の現状と課題を把握し，当該研究における今後の展望を検討することである．

　日韓の流通は，両国の経済発展や相互的な文化浸透などと密接に結びついて多岐にわたる分野に影響を与えてきた．そして近年，日韓流通比較研究はグローバル化やデジタル化の進展，日韓関係の変動といった新たな潮流の中で新たな局面を迎えている．

　日韓の流通が互いに影響を与え合っていることは言を俟たないが，韓国の場合，「流通システムは供給企業や流通企業とともに成長する」という「共同成長」を強調することが多く，それこそが日本の流通システムから学ぶべき点であるという認識が一般的である．それにもかかわらず，韓国では日本の流通システムを体系的に理解するために，また日本の流通システムに対するより適切な理解を韓国へ適用するために必要な日韓流通比較研究が少ない（Jho 2011; Park 2015）．一方，日本の場合も日韓流通比較研究は関根・オ（2003）や趙（2015）など一部の論考を除いてほとんど行われていないというのが現状である．

　そこで，本章では日韓流通比較研究の現状と課題について以下のような流れで考察を行う．まず，第2節ではこれまでにおける日韓流通比較研究の動向を

整理する．次に，第3節では現在の日韓流通比較研究において何を特に深耕する必要があるのかを論じる．そして，第4節では今後の日韓流通比較研究においてどのような領域が注目される可能性があるのかを示す．それにより，日韓流通比較研究をさらに推進していくための素地を形成することができると考えられる．

1．日韓流通比較研究の動向

⑴　日韓の流通比較に関するこれまでの研究

　日韓流通比較のベースとなる研究は，1965年の日韓国交正常化以降に少しずつ行われるようになったが，当初は貿易構造分析や各国市場分析といったマクロなアプローチが中心であった．よりミクロな日韓流通比較研究は1990年代後半から活発化し，特に2000年代以降は日韓における経済連携の進展や流通構造の変化などを背景に，多様な研究成果が蓄積されつつある．以下ではこれまでの研究進展を概観する．

1）　1990年代後半～2000年代前半：研究基盤の構築

　この時期は，日韓の流通研究者が相互理解を深め，共同研究の枠組みを構築する時期であった．日韓の研究者が相互に訪問して研究発表や意見交換を行う機会が増加することで研究交流が活発化し，また日韓の研究機関が連携することで共同研究プロジェクトが開始されるようになった．さらに，日韓それぞれの流通に関する研究論文や著書が相互に公刊され，研究成果が共有されるようになった．

2）　2000年代後半～2010年代前半：研究対象の多様化

　この時期は研究テーマが多様化し，より具体的な課題に関する研究が増加した．日韓における小売業の構造や当該企業の戦略に関する研究（Jho 2011），日韓の消費者行動を定量的に比較する研究（Joh 2007）などがある．また，日韓における政府の流通政策を比較し，政策的インプリケーションを提示した研究（Yoo 2010; Lee 2014）や日韓における物流システムの効率性や課題を比較する研究（Lee 2007）も行われるようになった．なお，この時期には日韓の流通にお

ける情報通信技術（Information and Communication Technology: ICT）活用の現状や課題を比較する研究もわずかではあるが公刊されるようになった.

3） 2010年代後半〜現在：新たな研究領域の開拓

現在にいたるこの時期には，市場や企業のグローバル化やデジタル化などの新たな潮流を踏まえ，新たな研究領域が開拓されつつある. 日韓における越境電子商取引（Electronic Commerce: EC，以下では越境EC）の現状や課題，越境ECを利用する際の消費者行動などを分析する研究が増加しており（Jang et al. 2019; Choo et al. 2023），日韓の小売企業におけるオムニチャネル戦略の現状や課題を比較する研究（Park 2015）や日韓のサプライチェーンにおける効率性やリスク・マネジメントなどを分析する研究（Kim 2016）も登場している. なお，環境問題や社会的課題への対応など，「持続可能な流通」に関する研究も注目されつつある.

このように，日韓流通比較研究においては物流システム研究や流通チャネル研究といった経営学的な視点のみならず，消費者行動研究や文化の相互浸透研究といったマーケティング的・社会学的な視点も加わり，当該研究の領域が徐々に拡大してきた.

⑵ 日韓流通比較研究における喫緊の課題

上記では，日韓流通比較研究の動向を歴史的に考察したが，以下では対象別に ① 流通チャネル，② 物流，③ 商慣習，④ 消費者行動，⑤ 流通政策，⑥ ICT という6つの観点から概観する.

① 流通チャネル

日韓における流通業（卸売業・小売業）の構造比較，特に規模，集中度，効率性に関する研究は多く行われている. また近年，越境ECを含むEC全般の普及や，コンビニエンスストア，ドラッグストアなどの業態発展にともなう流通チャネルの変化に関する研究が増加している. さらに，韓国企業による日本市場への進出，日本企業による韓国市場への進出に関する研究も盛んに行われるようになっている（関根 2013）.

② 物流

日韓の物流システムの比較，特に物流コスト，物流効率，物流サービスレベルに関する研究が多く行われている．また，日韓間の物流における課題の中でもとりわけ通関手続き，輸送コスト，リードタイムに関する研究が注目されている．さらに，物流における改善策，特に物流システムの標準化，情報技術の活用，サードパーティーロジスティクス（Third Party Logistics: 3PL）の活用に関する研究も進められている．

③ 商慣習

日韓における商慣習の違い，特に商談，契約，決済，クレーム処理に関する研究が多く行われている．また，商慣習の違いによる問題，特に誤解，トラブル，取引コストの増加に関する研究も注目されている．さらに，商慣習の違いに対する方策，例えば相互理解，コミュニケーション，契約書の作成に関する研究も進められている．

④ 消費者行動

日韓における消費者行動の比較，特に購買動機，情報収集，購買決定プロセスに関する研究が多く行われている．また，日韓におけるブランド志向や価格感度，品質志向に関する研究が注目されている．さらに，消費者行動への対応策，特にマーケティング戦略，商品開発，販売促進に関する研究も進められている．

⑤ 流通政策

日韓における流通政策の比較，特に規制緩和，競争促進，消費者保護に関する研究が多く行われるようになっている．また，流通政策が社会に与える影響，特に流通構造，物流効率，消費者行動への影響に関する研究も注目されている．さらに，流通政策の課題，特に規制緩和の遅れ，競争促進の不足，消費者保護の強化に関する研究も進められている．例えば，韓国では日本や欧州に続く形で大規模小売店舗に対する「出店調整」の強化が進んでいる（関根 2013）．2010 年には，日本における「大規模店舗法（大店法）」の韓国版とも言える「流通産業発展法」と「大・中小企業相生協力促進法（いわゆる相生法）」

が改正された．これらは，在来の中小・零細小売企業を中心として社会的に巨大企業批判が高まっていることに対応したものであり，2012 年になると大型店に強制休業日を設定する地方自治体が増加した．

⑥ ICT

これまで，流通における情報技術の活用，特に EDI や SCM，EC に関する研究が多数行われている．また，情報技術の効果，特に物流効率の向上や在庫削減，顧客満足度の向上に関する研究も注目されている．さらに，情報技術の課題，特にシステム投資や人材育成，セキュリティ対策に関する研究も進められている．

さらに近年，日韓流通比較研究においては以下のような課題が喫緊の課題となっている．第 1 に，グローバル化とデジタル化への対応である．越境 EC の普及やサプライチェーンのグローバル化など，流通構造は大きく変化している．日韓流通もこの影響を受け，新たなビジネスモデルや物流システムの構築が求められている．例えば，シェアリングエコノミーのプラットフォームを活用したサービスが日韓両国で拡大しており，韓国では配達代行サービス「クーパン（Coupang）」やライドシェアサービス「TADA」などが市場シェアを高めつつある．

また，オンラインとオフラインの融合が進み，消費者の購買体験はますますシームレスになっている．韓国の「ロッテ百貨店」はオンラインで購入した商品をオフライン店舗で受け取れるサービスを提供しており，OMO（Online Merges with Offline）戦略はさらに進んでいる．第 2 に，日韓関係の変動と流通への影響である．政治的な緊張や歴史認識問題など，日韓関係は常に変動している．これらの変動が，日韓流通にどのような影響を与えるのか，実証的な分析が求められている．第 3 に，持続可能な流通システムの構築である．環境問題や SDGs への意識の高まりを受け，持続可能な流通システムの構築が重要性を増している．日韓間でも，環境負荷の低減やエシカル・ソーシング（ethical sourcing）といった取組みが求められている．例えば，日韓の流通企業は環境問題への意識の高まりを受けてサステナビリティへの取組みを強化しており，

特に韓国の「CJ大韓通運」は日本企業よりも電気トラックや水素トラックの導入を積極的に進めている．

2．日韓流通比較研究の現在

近年，日韓の貿易は構造的な変化を見せており，完成品や中間品（部品や素材など）に比してサービス貿易（観光や金融，ICTなど）の相対的な重要性が高まっている．このような変化は，日韓における産業構造の変化やグローバルバリューチェーンの再編を示唆している．日韓の貿易構造は，過去数十年で大きな変化を遂げてきたが，これらの変化は両国の経済発展や技術革新，グローバル経済の動向を反映していると考えられる．

かつて，日韓の貿易は日本の工業製品と韓国の原材料・農産物との交換が中心であった．日本は，高度経済成長期に自動車や家電，機械などを輸出し，韓国の工業化を支えた．一方，韓国は鉄鋼や繊維，農産物などを輸出し，日本の産業発展に貢献した．

近年，日韓の貿易構造は，より複雑かつ相互依存的なものへと変化している．韓国は重化学工業やハイテク産業で急速に発展し，自動車や半導体，スマートフォンなどの製品で世界的な競争力を獲得している．これにより，韓国は日本にとって重要な輸出市場となると同時に，競合対象としても存在感を高めている．

また，両国間の貿易は完成品だけでなく中間品の取引も拡大しており，物的製品の貿易は依然として重要である．これは，グローバルなサプライチェーンの深化を反映しており，両国の産業は相互に補完的な関係を築いている．例えば，日本の半導体製造装置や素材は韓国の半導体産業にとって不可欠となっている．

これらの変化が起こった背景としては，以下の諸要因があげられる．

① 韓国の経済発展：韓国は積極的な産業政策や技術開発投資を通じて，急速な経済成長を遂げた．これにより，韓国は工業製品の輸出国としての地位を確立し，日韓の貿易構造を変化させる原動力となった．

② グローバル化の進展：グローバル化の進展は，国際的な分業体制を促進させ，中間品貿易の拡大をもたらした．また，サービス貿易の自由化も進み，両国間の経済交流を多様化させた．

③ 技術革新：ICTやバイオテクノロジーなどの分野での技術革新は，新たな産業やビジネスモデルを生み出し，貿易構造にも影響を与えた．

⑴ 日韓における物流システムの高度化

日韓の物流は海上輸送が中心であるが，輸送する製品のカテゴリーによっては航空輸送や複合一貫輸送の利用も増加している．また，ICT技術の活用による物流の効率化や可視化も進んでいる．しかし，日韓の物流コストは依然として高く，さらなる効率化が求められている．

日本と韓国は，高度な経済発展を遂げ，世界的なサプライチェーンにおいて重要な役割を担っている．両国における物流システムの高度化は，効率性向上やコスト削減，顧客満足度向上などを目指し，近年急速に進んでいる．

日本では，少子高齢化による労働力不足や，（越境）EC市場の拡大による物流需要の増加といった課題に対応するため以下のような物流システムの高度化が推進されている．

① 自動化・省人化技術の導入：倉庫内作業の自動化や，無人搬送車（AGV），ドローン，自動運転トラックなどの導入が進んでいる．これにより，作業効率の向上や人手不足の緩和が期待されている．

② 情報技術の活用：IoTやAIなどの情報技術を活用し，リアルタイムでの在庫管理や需要予測，配送ルート最適化などが行われている．これにより，物流全体の効率化やコスト削減が実現されている．

③ モーダルシフトの推進：トラック輸送から鉄道や船舶輸送への転換（モーダルシフト）が推進されている．これにより，環境負荷の低減やトラックドライバー不足への対応が期待されている．

一方，韓国でも輸出入の拡大や越境EC市場の急速な成長に対応するため，以下のような物流システムの高度化が進んでいる．

① 大規模物流拠点の整備：港湾や空港周辺に大規模な物流拠点を整備し，効率的な貨物処理を実現している．また，クーパンをはじめとしたスマート物流センターの建設も進み，自動化・省人化技術が積極的に導入されている．

② ICTプラットフォームの構築：物流情報を一元管理するICTプラットフォームを構築し，荷主企業－物流企業－運送業者間の連携が強化されている．これにより，物流全体の可視化や効率化が図られつつある．

③ ラストワンマイル配送の高度化：ドローンやロボットを活用したラストワンマイル（米国ではラストマイル）配送の実証実験が進んでいる．これにより，配送効率の向上や人手不足への対応が期待されている．

(2) 日韓における消費者行動の変化

日韓間の消費者行動は，インターネットの普及やソーシャルメディアの利用拡大により，大きく変化している．越境ECの利用が増加し，商品の選択肢が広がっている．また，消費者は，商品の品質や安全性，エシカルな側面にも関心を寄せるようになっている．

日本と韓国は，文化的背景を共有しつつも，経済発展や社会構造の違いから，それぞれ独自の消費者行動の変化を見せている．ここでは，日韓における近年の消費者行動の変化をいくつかの主要な側面から考察する．

① デジタル化の加速と消費者行動

スマートフォンやインターネットの普及は，日韓両国において消費行動を大きく変えた．ECの利用拡大，SNSを通じた情報収集・発信，キャッシュレス決済の普及などがその代表例である．特に韓国では，高速インターネット網の整備やモバイルファーストの戦略が奏功し，デジタル化が日本よりも進んでいる．

② グローバル化と消費者の価値観

グローバル化は，日韓両国の消費者の価値観を多様化させた．海外旅行や留学経験，海外ブランドへの接触を通じて，消費者は従来の国内市場にとらわれない選択肢を持つようになっている．特に韓国では，K-POPや韓国ド

ラマの世界的な人気を背景に，海外市場への意識が高まっている（Baek et al. 2019）．

③　社会構造の変化と消費者行動

　少子高齢化や晩婚化，単身世帯の増加など，社会構造の変化は日韓両国の消費行動に影響を与えている．個食商品の需要増加，体験型消費への関心の高まり，ペット関連市場の拡大などがその現れである．特に日本では，高齢者層の購買力に着目した商品・サービス開発が活発化している．

④　環境意識の高まりと消費者行動

　環境問題への関心の高まりは，日韓両国の消費者の行動にも変化をもたらしている．エコバッグの利用，リサイクル商品の購入，環境に配慮した企業の製品選択などがその例である．特に韓国では，若者を中心に環境問題への意識が高く，持続可能な消費への関心も強まっている．

3．日韓流通比較研究の未来

⑴　デジタル技術のさらなる活用

　デジタル技術の活用は，日韓流通の未来をさらに大きく変える可能性を秘めている．AI や IoT，ブロックチェーンといった技術を活用することで，物流の効率化やトレーサビリティの向上，新たな市場およびビジネスモデルの創出などが期待できる．近年，巨大企業主導のデジタル化の推進はもちろん，中小企業主導のデジタル化も進んでいる．

　日本のジェトロでは，デジタル化の潮流をとらえた中堅・中小企業の海外展開が自律的に拡大する仕組みの構築を目的として，中堅・中小企業の海外への輸出を支援する民間事業者を支援するための「中堅・中小企業輸出ビジネスモデル実証事業補助金（中堅・中小企業の輸出を支援する民間事業者による新たなビジネスモデルを構築する事業）」を実施している．本事業では 1 社あたり最大 4000 万円を支援する予定である（8 件程度採択予定）．

　また，2018 年度からジェトロでは越境 EC 市場拡大を踏まえ，海外 EC サイトを通じた日本製品（消費財）の販売促進を目的とする「JAPAN MALL 事業」

を実施している．JAPAN MALL 事業はジェトロの支援下で推進され，日本国内での全量買取りのため，日本の中堅・中小企業にとってはリスクの低いビジネスモデルである．2022 年度現在，18 カ国・地域において 60 案件以上の実績をあげている．

　韓国の場合，有望なメタバース中小企業の海外進出および輸出拡大を支援するための「2024 年度デジタルコンテンツ企業競争力強化」事業を発表し，年間総額 88 億ウォンを投入し，メタバース関連企業の海外輸出と販路拡大を支援するものである（韓国科学技術情報通信部，2024 年 3 月 22 日発表資料より）．特に，中小企業がメタバースを通じて主要産業の輸出競争力を強化するために従来のコンサルティング中心の支援方式から脱却し，グローバルビッグテック・プラットフォームとのマッチングを重点的に支援している．これにより，中小企業の成長およびグローバル市場開拓のための足掛かりを提供することが期待される．

　これに先立ち，韓国政府は「メタバース新産業先導戦略」を発表した（2022 年 1 月 20 日発表）．主要諸国は，メタバースを実現する XR，AI，ブロックチェーン，ネットワーク，データ，デジタルツインといった中核技術を中心に投資し，拡大しつつある．さらに，エンターテインメント，教育，流通，放送などさまざまな分野で AI 技術を融合したアバターの活用が増え，人間と交感する場面が増えている．グローバルビッグテックに依存しない競争力のあるメタバースエコシステムを構築するため総合支援インフラを拡充し，メタバース時代をリードする専門企業の競争力を強化する官民連携システムを整備する狙いである．主要な内容としては，① 世界レベルのメタバースフラットフォームの構築，② メタバース人材育成，③ メタバース専門企業の育成，④ メタバースインフラの造成，である．

　以上のように，日本ジェトロの JAPAN MALL 事業は中堅・中小企業のデジタル化および新たなビジネスモデルの構築を目指し，リスクを抑えた形で海外市場への進出を支援しているものの，実績はあまり高くない．一方，韓国では政府主導の事業を通じて，メタバース関連中小企業の輸出拡大を支援してい

る．特に，メタバース新産業先導戦略の進展には注視する必要がある．

(2) 持続可能な流通システムの構築

環境問題やSDGsへの意識の高まりを受け，持続可能な流通システムの構築がますます重要になる．日韓間でも再生可能エネルギーの活用や廃棄物削減，エシカル・ソーシングといった取組みを強化する必要がある．

日本の持続可能な流通システムの実現に向けた取組みの1つである「ホワイト物流」推進運動を見てみると，物流業界の労働環境改善を目的とし，トラック運転手の労働条件を向上させるための施策を実施している．また，物流総合効率化法にもとづき，輸送網の集約やモーダルシフトなどを推進し，環境負荷の低減を図っている．さらに，再配達防止策やオリジナル梱包資材の利用などの具体的な取組みも行われている．

韓国でも持続可能な流通システムの構築に向けたさまざまな取組みが行われており，韓国の食品産業は研究開発事業の予算を増額し，食品製造の基盤技術の確保や脱炭素化を進めている．また，オンライン・非対面型商談会を通じて輸出業者の海外進出を支援し，農水産物の輸出額を大幅に増加させている．さらに，韓国のコンテンツ産業もプラットフォームの競争力を強化しており，持続可能な発展を目指している．これらの取組みは，日本と韓国それぞれの特徴を活かしつつ持続可能な社会を実現することに向けた重要なステップとなっている．

(3) 日韓関係の改善と流通のさらなる活性化

日韓関係の改善は，日韓流通の活性化に不可欠である．2023年3月，韓国政府が元徴用工問題の解決策を発表した．その結果，日韓間の緊張が緩和され両国の首脳が頻繁に会談するようになった．また，かつて不買運動のターゲットとなったユニクロが2024年9月に韓国ソウルで国内最大の店舗をオープンし，多くの人々が列を作り商品が飛ぶように売れたことも日韓関係の改善を象徴する出来事である．

一方，韓国の大韓商工会議所による調査「新政権発足後の日韓関係の展望」の結果によると，回答企業の約半数に当たる50.4％の企業は「日韓関係が改善すれば，貿易や投資を拡大する」と回答した（2022年4月11〜15日，韓国企業327社調査）．特に，日本企業と取引している企業（115社）の69.5％が「日韓関係が改善すれば投資を拡大する」と回答している．さらに，日韓の協力分野については「半導体などサプライチェーンの再編での協力」が48.3％とも最も高く，「若年層の就職など人的交流の活性化」は19.0％と続いた．これらの結果から，日韓関係の改善が経済や文化の交流を促進し，流通のさらなる活性化に寄与していることがわかる．両国間の政治的な対立や歴史認識問題を乗り越え，相互理解と信頼にもとづく関係を構築することが重要であると考えられる．

おわりに

本章は，日韓流通比較研究の現状と課題を把握し，当該研究における今後の展望を検討することを目的とした．

実務的な流通の側面において日本企業と韓国企業との交流は活発に行われており，例えば韓国の百貨店や量販店，コンビニエンスストア，フランチャイズシステムは，その成立プロセスにおいて日本の小売業の影響を強く受けてきた．また，韓国の主要なオンライン事業者（ネイバーやキューテン，ジーマーケット，ジグザグなど）は，日本のオンラインショッピング業態が構築されるプロセスにおいて主導的な役割を果たしてきた．

しかし，日韓の流通システムは相互に補完しながら理解されるべき性格であるにもかかわらず，両国の流通研究は交流が十分に行われていると言い難い．そのため，両国における研究課題はその生成プロセスと研究方法においてかなり異なっており，それぞれが個別的に発展していると言える．

流通システムは，ある国の生産と消費を結びつけ，経済システムの効率と効果を高める非常に重要な役割を果たしている．また，日本と韓国は消費文化の類似性と現代的経済システムの共通性によって類似した流通システムを有して

いる．したがって，両国の流通研究者は互いの流通システムに対する理解を深めることによって自国の流通システムに対する理解をさらに高め，新しい観点から研究課題を確立し，それらを分析できるようになる可能性がある．

また，日韓流通研究はグローバル化やデジタル化，日韓関係の変動といった新たな潮流の中で，新たな局面を迎えている．従来の研究成果を踏まえつつ，新たな課題にも積極的に取り組むことで，日韓流通の未来を切り拓くことができるのではないだろうか．今後の日韓流通比較研究では，デジタル技術の活用や持続可能な流通システムの構築，日韓関係の改善といった課題に焦点を当て，より具体的な提言を行う必要がある．

また，実証的分析や事例分析を通じて，理論と実践との融合を図ることも重要であると考えられる．韓国の場合には，実証モデルによる定量的検証が中心である．韓国における流通分野の研究方法論を検討した Park（2015）によると，2004 年から 2013 年に韓国の学術誌へ発刊された流通関連研究のうち，ほとんどの研究は構造方程式モデリング（Structural Equation Modeling: SEM）や（重）回帰分析，分散分析などの定量的研究方法を採択しており，概念研究や事例研究などの定性的研究は主要学術誌に発表された流通関連研究 117 編のうち 15 編（12.8%）にすぎなかった．一方，日本の場合は複数ながら少数の個別企業事例にもとづく定性的検証が中心である．「（研究）方法は（研究）対象に従う」ことから，どちらの検証方法が優れているとは一概に言えないが，日韓ともに「社会的に有益でバランスの良い」検証方法の選定が求められるであろう．

また，産業別の日韓流通比較研究をさらに進めることも求められよう．例えば，生活用品とファッション商品はファッション性や品揃えの多様性・複雑性を帯びているため，流通方式でも独自の特性を持つことになる．また，日本と韓国は東アジア市場のみならず，世界市場でもファッション商品に対する主導的な影響力を有している．また，食品流通システムは消費者の生活基盤を形成する最も基本的な要素である．しかし，食品は生産時期と消費時期の乖離，生産地と消費地の格差，消費期限，配送方式の特殊性などの多様な独自の特性を

有している.

　日本の農林水産省は2022年3月に『農林水産物・食品の輸出拡大を後押しする食産業の海外展開ガイドライン』を公刊し，一次産品や加工食品（日本酒やウイスキーなどの高付加価値商品を含む）の輸出額を2030年までに5兆円にすることを目指して，越境ECを含めたさらなる輸出促進を提唱している．また，韓国の農産物輸出も増加しており，日本の農林水産政策研究所は今後もその動きが加速すると指摘している．韓国の野菜生産量は1980年代から急激に増加しており，韓国の施設園芸作は2000年の段階で施設農家数・施設面積ともに日本の生産規模を上回る水準に達している．また，韓国における一部の育苗企業は日本への輸出も行っており，日本における野菜生産との関連を深めている．今後，日韓流通比較研究の対象がさらに広がり，また研究水準がさらに高まることによって，このような実務的な課題にもアクセスできるようになると考えられる.

　謝辞　本章における成果の一部は，「日本学術振興会二国間交流事業（セミナー）」（JPJSBP220248801）の支援を受けたものである．筆者は日本側参加者の一人として同事業の計画・準備・実施といった運営全般に携わった.

　　2015年5月，日本流通学会（Japan Society of Distributive Science: JSDS）は韓国流通学会（Korea Distribution Association: KODIA）との間で学会間国際交流協定を締結した．それ以降，コロナ禍の時を除いて日韓それぞれの代表団が隔年で互いの全国大会に参加し，交流を深めてきた.

　　また，2024年2月には日韓交流の大きな成果として日本学術振興会二国間交流事業（セミナー）への申請が採択され，同年8月23〜24日に明治大学駿河台キャンパスにおいて「2024 JSDS=KODIA Conference: The Present and the Future of Korea-Japan Distribution Research」が開催された.

　　KODIAの前会長で，二国間交流事業（セミナー）の韓国側研究代表者であるチュ・ホジョン教授（ソウル大学），現会長（2024年9月19日現在）のイ・ドンイル教授（世宗大学）をはじめ，同事業の実現と成功に向けてご尽力いただいたKODIA代表団の皆さまには心から感謝申し上げる．ただし，文責は筆者のみにある.

参 考 文 献

関根孝「家電品流通の国際比較と家電量販店のグローバル化に関する理論的考察―日中韓の比較分析序論―」，専修大学商学部『商学論集』第97巻，2013年，1-18ページ

関根孝・オセジョ編著『日韓小売業の新展開』，千倉書房，2003年

趙時英「韓国におけるインターネット通販の現状と展望―日韓比較分析の視点から」，専修大学商学部『商学研究所報』第47巻第4号，2015年，2-22ページ

Baek, E., Lee, H. K. and Choo, H. J., "Cross-border Online Shopping Experiences of Chinese Shoppers." *Asia Pacific Journal of Marketing and Logistics*, Vol. 32, No. 2, 2019, pp. 366-385

Choo, H. J., Lee, H. K. and Xie, J., "Consumers' Cultural Identity under Glocalization: Vietnamese Consumers' Global and National Identities and their Cross-cultural Con sumption," *Asia Pacific Journal of Marketing and Logistics*, Vol. 35, No. 5, 2023, pp. 1052-1074

Jang, J. Y., Hur, H. J. and Choo, H. J., "How to Evoke Consumer Approach Intention toward VR Stores? Sequential Mediation through Telepresence and Experiential Value," *Fashion & Textiles*, Vol. 6, No. 12, 2019 (https://doi. org/10. 1186/s40691-018-0166-9)

Jho, Kwang Hyun, "Korea and Japan Comparison Study of Distribution Industry: Focus on Input-out Analysis," *Journal of Channel and Retailing*, Vol. 21, No. 3, 2011, pp. 171-192

Joh, Young-Hee, "The Effect of the Customer Trust with cause the Informations of the Commodity and Seller on the Purchasing Intention in Internet Open Market," *The e-Business Studies*, Vol. 8, No. 4, 2007, pp. 189-210

Kim, Hyun-Chul, "A Study on the Influence of the Changes in the Japanese Distribu tion System on the Decrease in Competitiveness of Japanese Companies," *Korean Corporation Management Review*, Vol. 23, No. 2, 2016, pp. 195-209

Kim, W. and Choo, H. J., "How Virtual Reality Shopping Experience Enhances Consum er Creativity: The Mediating Role of Perceptual Curiosity," *Journal of Business Research*, Vol. 154, 113378, 2023

Lee, Gyun, "Economic Depression and Future of Distribution Industry in Japan," *Jour nal of Distibution Information*, Vol. 10, No. 4, 2007, pp. 127-166

Lee, Young-Chan, "A Study on the Transitions and Characteristics of the Distribution Policy in Japan – Focusing on Retail Policy," *Korea Logistics Review*, Vol. 24, No. 4, 2014, pp. 177-200

Park, J. E., "A Critical Review of Korean Channel Studies and Future Research

Directions," in Yoojae Yi (ed.), *Trends in Marketing Research*, Bubmoon Sa Publication, 2015

Yoo, Ki-Joon, "A Study on the Transition of Distribution Policy in Japan: The Relationship between Promotion Policy and Adjustment Policy," *The Journal of Eurasian Studies*, Vol. 7, No. 2, 2010, pp. 91-108

農林水産政策研究所「野菜生産・流通構造の日韓比較研究」アグリサーチャー（https://agresearcher.maff.go.jp/kadai/show/91651, 2024 年 9 月 2 日アクセス）

大韓商工会議所 2022 年企業認識調査「新政権発足後の日韓関係の展望」（대한상공회의소「신정부 출범후 한일관계전망」기업 인식 조사 , 2022 년 4 월 21 일 보도자료）（https://m.korcham.net/nChamMob/Service/Main/appl/Main.asp, 2024 年 9 月 5 日アクセス）

第7章　価格転嫁問題から価格・取引・分配の公正さへ
——必需財としての食品を中心に——

木　立　真　直

はじめに——最近の価格転嫁問題とその対立軸

　最近，広く関心を集めている流通問題の1つは価格転嫁問題である．価格転嫁とは，生産・流通企業が原材料費・仕入原価，エネルギー費，物流費，そして労務費などの諸経費が増加する局面において，この増加分を川下への販売価格に反映させる行動である．2020年代に入り，世界中に突如，拡散したコロナ禍，続くウクライナ危機などにより世界中の物流や商品供給が停滞ないし停止し，グローバル・サプライチェーンは深刻な機能不全に陥った．国内的には，ここ数年の「物流2024問題」をふくむ労働条件の見直し，さらに急激な円安進行による国際取引における日本の「買い負け」の顕在化など，企業を取り巻く環境要因は激変する様相を呈する．こうしたさまざまな要因によって，日本企業はコスト上昇圧力に直面している．当初，価格転嫁に慎重であった多くの企業も，2022年頃からは，コスト吸収が限界に達することで徐々に価格転嫁に向けて動き出したのである．

　何故，価格転嫁が問題となるのか．価格転嫁は本来，商品を供給する企業にとってきわめて合理的で当然の行動である．なぜなら，コストの増加分を適切に価格転嫁できなければ，利益の確保，そして最終的には事業の継続そのものが困難になるからである．しかし他方で，価格転嫁は物価の高騰をもたらし，商品流通の末端に位置する消費者にとっては，生活の悪化と困難をもたらす．

膨大な商品カテゴリーの中でも，万人にとっての必需財である食品の値上げ
は，健康と暮らしの豊かさ，そして生命の維持に決定的な影響を与える．とり
わけ低所得層にとっては，まさに死活問題となる．価格転嫁問題は，こうして
供給企業と消費者との利害が鋭く対立する問題としてクローズアップされるこ
とになる．

　いま，深刻化している価格転嫁問題を正しくとらえるために，あらかじめ，
日本経済の最近にいたる歩みと 2020 年以降の現局面の特殊性を確認しておき
たい．1 つに，「失われた 30 年」である．日本経済は，1990 年代初めのバブル
の崩壊以降，約 30 年にわたり長期のデフレを経験し，商品価格，そして賃金
の低迷が続いてきた．日本が主要先進国の中で突出した低物価国，そして低賃
金国に凋落したことは周知の事実である．いま 1 つに，不確実性リスクの高ま
りである．今日の日本の経済と企業群は，かつてないほど高度に深化したグ
ローバル・サプライチェーンの一環に組み込まれている．2020 年代に入って
のグローバル・サプライチェーンの混乱や地政学的リスクの高まりが，日本企
業にとっての大きな不確実性リスクとなっている．以上のような事態を受け
て，政府は，「失われた 30 年」からの脱却に向けた施策の 1 つとして，企業に
おける賃上げを掲げている[1]．しかし，大企業を中心に賃上げが見られる一方
で，中小零細企業への波及は微弱であり，全体として見た実質賃金はむしろ目
減り基調にとどまっている．

　果たして，適切な価格転嫁とは，その基準となる公正な価格とはいかなるも
のかが問題の出発点となる．とはいえ，今日の価格転嫁問題の日本的特殊性か
らは，単に商品の価格のみを独立の要素として取り出すのでは不十分である．
多様な取引条件をふくむ取引関係全般，さらには，関連する賃金などの広範な
分配問題を視野に入れて考察することが求められている．

　以下では，価格転嫁問題について，具体的な対象商品として消費生活上，必
須の食品を取り上げて考察を進める．第 1 に，政府などの既存データから，最
近における価格転嫁の動向を簡単に確認した上で，実務家および研究者の価格
転嫁に関する代表的な見解を紹介する．第 2 に，経済学や流通経済論などの研

究成果を援用しながら，公正な価格と取引関係についての理論的整理を行う．第3に，現代流通の実態について，食品流通を対象に大規模小売企業の価格決定力を中心に検討する．第4に，消費者の価格への反応行動に関する経済学などの成果を援用しつつ，消費者の購買意思決定の限定合理性と最終的に購買力を規定する賃金の影響について述べる．おわりに，価格転嫁問題を出発点とする価格・取引・分配問題の解決に向けた諸課題を仮説的に提示したい．

1．価格転嫁の動向と対立する諸見解

(1) 最近における価格転嫁の動向

図1を見ると，2022年から消費者物価の上昇が顕著になってきていることがわかる．図2は，消費者の暮らしへの影響が大きい食品価格の動向を示している．食品価格も，物価全体と同様の傾向が読み取れるが，上昇幅がより大きい．食品企業による最近の値上げ動きは図3の通りである．値上げの要因である原材料費，エネルギー費，物流費，そして人件費などの上昇傾向は，現在も

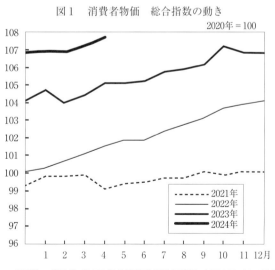

図1　消費者物価　総合指数の動き

（出所）　総務省『2020年基準消費者物価指数 全国2024年4月分』．

126

図2　生鮮食品を除く食料指数の動き

（出所）　図1に同じ．

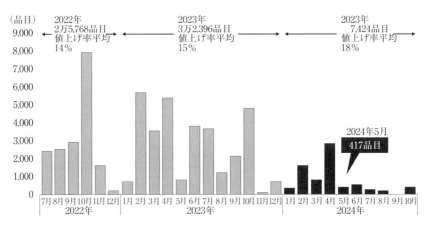

図3　月別値上げ品目数推移と計画（2022年7月から28カ月，2024年5月時点）

（出所）　帝国データバンク『TDB Business View』2024年4月．

続いている．政府は，諸経費の増加にともなう価格転嫁は必須との立場を明確に表明している[2]．特に公正取引委員会は，中小企業における価格転嫁の必要性を主張し，その実現に向けた取組みに注力している．

　しかしながら，企業間の価格転嫁は，必ずしも十分には実現できていない．経済産業省による「価格交渉促進月間フォローアップ調査」の2023年3月および同年9月のデータから確認すると，コスト全体の価格転嫁率は2023年3月が47.6%，9月が45.7%であり，いずれも5割を下回る数値となっている．また，価格転嫁率別の回答企業割合を見ると，70%以上転嫁できた企業が約4割存在するものの，他方で，0%以下，つまり据え置きないし逆に値下げを要求された企業が2割以上にのぼった．価格転嫁が困難な企業の多くは中小零細企業であり，価格転嫁を実現できているか否かは企業規模別に二極化する様相を呈する．大規模企業が一定の価格転嫁力を有する一方で，中小零細企業では価格転嫁が困難であるならば，政策的な対応が必須であることは言うまでもない（佐久間 2023）．

　価格転嫁に関する調査は帝国データバンクも定期的に実施し公表している．2022年12月調査結果では，価格転嫁率の平均値は39.9%と，政府調査よりも低い数値となっている．同調査の結果で興味深いのは，企業が価格転嫁に成功した理由として回答率が最も高かったのは「原価を示した価格交渉」（4割超）だった点である．価格転嫁を実現するには，原価の把握と提示がいかに有効であるかが浮かび上がってくる．再び経産省の資料に戻り，費目別の転嫁状況を見ると，労務費の転嫁割合が原材料費のそれと比較して約10ポイントと大きく下回っている．コストの要素の中でも賃金の上昇を理由とする価格転嫁は相対的に困難であることが確認できる．

⑵　価格転嫁をめぐり相対立する諸見解

　価格転嫁について，政府はこれを推進する立場であることはすでに述べた通りである．しかし，価格転嫁の実現可能性とその条件や効果に関する見解はさまざまである．大きく対立する代表的な見解を紹介しておこう．

まず価格転嫁困難論である。短期的に生産性は不変、つまり生産性の向上によりコスト上昇分を吸収する余地がないことを前提に、価格戦略の意思決定はどのようになされるのか。当然、多くの要因が総合的に考慮されるものの、最も重視されるのは価格の引上げが売上・販売数量の減少をもたらす度合いである。需要の価格弾力性が大きいほど値上げの売上減への影響は大きくなる。経済学者の伊藤（2022）は、価格転嫁困難論を次のように明快に語っていた。「需要が価格に敏感に反応する時には価格を上げると需要は落ち込んでしまう。だから価格を引き上げる余地は小さい。」それゆえ「しばらくは我慢の時期が続くことになる」と。これは価格弾力的な需要曲線を想定する企業の一般的な価格設定行動と言うことができる。

　とはいえ、価格転嫁への対応いかんは、個別企業レベルで異なることはもちろんだが、業種、業態の違いによる特徴的傾向には留意する必要がある。特に注視すべきは、製造企業に対する流通企業の行動様式の独自性である。生産の確定性に対する流通の不確定性という要因から、流通企業では、個別企業間で商品回転率が大きく異なることがむしろ常態である。流通企業にとって、低価格戦略の採用により、マージン率の低下を上回って商品回転率を高め、売上を増加させつつ商業利潤を維持、さらには増加させる余地は十分あるからである。また、小売企業では、「消費者主権」の経営理念から値上げに否定的なスタンスを採る企業は少なくない。例えば、大手小売企業であるイオンは2021年9月に同社のプライベートブランド商品であるトップバリュの価格凍結を宣言し、価格転嫁に対し消極的な姿勢を表明していた[3]。

　他方、労働集約的なサービス企業である外食企業のスタンスとして値上げが必須との論陣を張るのは外食企業経営者の横川竟氏である。世界の先進国の中で際立った日本の外食の低価格性を問題視する。日本の外食企業が安さの提供力で優れていても、高品質で豊かな食事を創造し提供する力を喪失しているのではないか、と警鐘を鳴らすものである[4]。中長期的な視点に立てば、コスト上昇にともなって価格を引上げることは当為の行動ということになる。

　経済学者の立場から物価問題にかんする精緻な分析を踏まえて、価格転嫁必

要論を主張するのは渡辺（2022a；2022b）である．氏の主張は，次のようである．1995年頃から最近までの前年比価格変化率を日米で比較すると，米国の数値が平均2%に達する一方，日本のそれはゼロ近傍の割合が高い．つまり日本企業において，いかに「価格据え置き慣行」（a，264ページ）が定着してきたのかを明示する．その上で，問題は，日本企業が価格支配力を喪失し，その結果として，取引主体間でコストを押付け合う状況に陥っていることにあるとする（a，286ページ）．この悪循環の隘路から抜け出すには，企業の価格支配力の確保こそが欠かせない．併せて，これを実現するもう1つの要素は，価格引上げを受容する受け皿としての消費者の「賃金上昇」（b，254ページ）にある．こうして正の循環が達成されることで初めて，企業と経済，そして社会の健全化が実現するとの展望を示す．

　要するに，価格転嫁困難論はミクロ・需要の視点に考察の範囲を限定する静態的でやや近視眼的な見方にとどまっていると言わざるを得ない．これに対し，価格転嫁推進論はマクロ・供給にまで視点を拡張し，価格転嫁の意義を動態的かつ長期的な視点から位置づける立場であるということができる．以下では，基本的には後者の立場に立ちながら，価格に関する理論的な考察に入りたい．

2．公正な価格形成に関する理論的整理

⑴　価格決定力に関する経済学の理解

　経済学が描いた古典的な市場像，すなわち自由競争市場，これを精緻化した完全競争市場では，すべての売り手と買い手が価格受容者，プライス・テーカーであるとされる．ミクロ経済学では，価格は市場で与えられる与件であり，経済主体である消費者および企業は，その価格に経済合理的に反応し，その需要量や供給量を決定すると考える．しかし，こうした見方が価格形成の実態を十分に説明し得ていないとの批判は少なくない．それは，「大多数の市場は完全市場ではないと考える方がむしろ自然かもしれない」（竹野2017，105ページ）と，市場均衡論者自身が認め，同意しているところでもある．この点

については，古典派経済学と新古典派経済学といった立場の違いを超えて，引き続き議論が深められるべき論点にほかならない．

比較的最近の研究では，価値・価格理論を検討した大石（2001）は次のように指摘していた．財の価格と数量のみを変数とする均衡分析の仮定がいかに「市場の現実を無視した空想的なもの」（同，54ページ）であるかを批判しつつ，「価格を与えるのは生産者の側，すなわち企業であるのは紛れもない市場の現実」であるとする（55-56ページ）．また，小幡（2016）は，「市場といえども，経済主体が価格を与えることなくして，ある価格が財に与えられることなどありうるだろうか」との問いを発する．もっとも，市場均衡論者が企業による価格提示行動を否定しているわけではけっしてない．例えば，前出の竹野（2017）は，「完全競争市場では，各生産者の生産量が市場全体の生産規模と比べて十分に小さいために，個別に価格を設定したとしても財の均衡価格に影響を及ぼすことができない」（同，287ページ）と述べている．あくまで否定しているのは価格決定全体への影響力であり，現実の価格設定行動そのものを否定しているわけではない．

つまり，価格形成は，企業の価格設定行動を起点としつつも，引き続き取引主体間の価格と数量の交渉と合意形成を通して，経過的・動的に行われる．こうしたプロセスを無視した市場像は，塩沢（1990）の言葉を借りれば，「死んだ市場」（同，169ページ）ということになる．かつて価格運動のとらえ方に言及した阿部（1984）は，現代の価格運動を正確に理解する上で，「均衡よりも不均衡を前提として，つまり価格運動の動的で経過的な側面に焦点をあてて，既存の価値概念や価格概念を再検討」（同，193ページ）することの必要性を強く主張していた．価格運動の把握は，価値概念との関連を踏まえつつ，過程的な視点からなされねばならないのである．

(2)　価値概念と労働価値説，時間軸の導入による客観化

価値とは何か．価値の理解については，周知の通り，相対立する労働価値説と効用価値説とがある．この論争に決着がついているわけではない．しかし，

効用が持つ本来的主観性に対し，「商品の交換が，その商品の生産に要する労働時間を基準とする」（岡部 2016）ことの客観性において，まずは労働価値説の妥当性を主張することができるであろう．もちろん「商品が生産される際の投下労働時間を価値の実態とは規定していない」（同，27 ページ）ことも言うまでもない．個別生産者の投下労働量という商品に体化された労働は，あくまで個別的価値にとどまるものだからである．生産者ごとに異なる生産に必要な労働時間が，それらの商品が大量に集まる具体的ないし抽象的な市場における交換の反復過程を介して，1 つの共通の市場価値＝社会的価値に統一されることになるのである（花田 1985，2-3 ページ）．

例えば，新田（2014a）は，投下労働が「技術的に確定された社会的労働編成」に組み込まれるには，次のようなプロセスを通過しなければならないとする（同，151 ページ）．1 つは，同一人物が同一商品種類の売買を繰り返すことで，1 回ごとの商品交換の個別性，偶然性を相対化していくプロセスである．いま 1 つは，同一時点で行われた他の人物群による同一商品種類の商品交換に関する情報を，同一人物が可能な範囲で取得し比較を行うプロセスである．これら 2 つのプロセスの進行を通して初めて，「供給者，需要者相互の駆け引きにおいて合意され，それぞれの主観においては均衡となる価格と交換数量は，恣意的に決められたもので不均衡なものだったが，『並んで繰り返される購買』をつうじて客観的な均衡へと接近していく」（新田 2014b，107 ページ）ことになる．

要するに，「繰り返しの購買過程をつうじて，個別偶然的な貨幣による相対取引のもとでの二者間主観的にすぎない需要曲線と供給曲線の均衡が，社会的＝共同主観的，客観的な均衡へと転成されていく」（新田 2014a，157 ページ）．出発点としての不均衡は，きわめて主観的な行動として始まり，それらが反復を繰り返す過程を経て，価格は客観性を帯びていく．以上のことから，市場における価格形成は，まずは，取引主体間の一方的ではない二者間の双方向的な交渉を通して合意されるプロセスに媒介され，続いて，そうした取引の反復，さらにその多数の累積的展開を通して初めて，社会的価値を表現する価格，す

なわち公正な価格が確定されていくことになるということができる.

　こうした論理展開の延長線上で，新田は一歩踏み込んで次のように展開する．「『価値』を限界効用としてとらえることは，『価値』を生産費，労働時間ととらえることと相互に排除しあうようなものではない」（新田 2014a，170 ページ）と．つまり，売り手サイドにとっては，製造原価ないし仕入原価が販売価格の基礎となるのに対し，買い手サイドにとっては広い意味での主観的な効用の大小の評価にもとづいて価格交渉がなされる．そうであれば，労働価値説と効用価値説は必ずしも二律背反的に相互に排除し合うものではない，というのである.

　ここで，やや特殊な例をあげて考えてみよう．商品が流通段階別に商品形態を変える中で，価格形成における生産費原理と効用原理の関与の重さが変化する農産物・食肉の事例についてである．食肉の価格形成を段階別に見ると，生体の価格は，出荷者側にとっては生産費がその価格要求の基礎となる．しかし，川上で生産された生体はと畜されて枝肉へ，パーツ加工された部分肉セット，そして特定部位の部分肉パーツ，さらにカットやスライスされパッケージングされた小売段階での精肉へと，その商品形態を変えていく．このような川上の生産者の手元から川下の最終消費者の購買段階へと商品が移行していく過程で，生産費原理から需要視点の効用原理の価格形成へと重心が移行していくのである．それは，部分肉のパーツや小売販売される精肉について，いかなる価格設定が適切であるのかは生産費の論理からは直接の解がないからである．つまり，川下の消費者に近い取引段階に移行するにしたがって，価格決定における買い手の効用評価要素の影響度が強くなり，供給志向から需要志向への価格形成メカニズムへと重心が移行するのである.

　この事例は，労働価値説・生産費原理と効用価値説・需要原理とは必ずしも対立するものではない価格形成の実態を示すものである．とはいえ，取引の経過的なプロセスを通して，生産の分割・細分化された各商品の価格を集計した総価格は，最終的には生産費原理によって決定されることになる．そうでなければ，供給の持続性が確保されないからである．この点で，需要原理に対し生

第 7 章　価格転嫁問題から価格・取引・分配の公正さへ　133

産費原理がマクロ的基定性を具備することは明らかである．

(3)　価格形成における平均原理と限界原理の適用範囲

続いて，価格形成における平均原理と限界原理の問題について言及しよう．商品一般の価格は，技術的に確立された社会的労働編成のもとで，市場価格は諸商品の個別的価値の平均により決定される．これが平均原理である．しかし，その例外として農産物の価格形成については，この平均規定ではなく，最劣等地の投下労働量，生産費がその基準となる限界規定が適用されることは，地代論の教えるところである（栗原 1955, 300 ページ）．

その根拠は以下のようである．花田（1985）によれば，1 つに，生産手段としての土地の決定的な重要性であり，2 つに，土地が再生産できない生産手段であることによる希少性と有限性である．これらの要因により，土地所有への配分として地代が発生する．こう説明する限りでは，地代論ないし農産物価格形成論では，必ずしも消費者サイドの需要要因について明示的には言及していない．とはいえ，限界規定を適用するには，劣等地への耕境拡大を要請する需要の存在が前提されなければならない．「農産物の価格形成の基準となる最劣等地なり最劣等経営なりの水準は，農産物の商品市場の事情に応じて変動する」（佐伯 1987, 301 ページ）からである[5]．

理論的に農産物の価格形成について限界規定が適用されることについての異論はない．ただし，再び，新田の見解に戻ると，ワルラスらの限界効用論と同様にマルクス学派が限界分析を否定的に扱ってきたことを問題視する（新田 2014a, 148 ページ）．氏は，「生産費が低減していく場合には，供給曲線は右下がりとなり，供給数量が多くなるほど価値は低下していく．つまり，価格水準は社会的需要との兼ね合いで決まる」（同, 151 ページ）と述べる．それゆえ「マルクス学派が原理論において限界分析を——差額地代論を唯一の例外として——否定することは筋が通らないことになる」（154-155 ページ）．その上で，「それぞれの産業部門においては，社会的に与えられる需要量をみたすだけの供給が行われなければなら」ず，「その市場の価格水準は，つねに最低限の生

産・費用条件の企業が販売によって費用を回収できるだけの水準以上で決定される.」（新田2014c, 89ページ）と展開する．すなわち，市場価格が供給条件からだけではなく，需要条件を加えた需給の両面から規定されるため，商品全般について限界原理の適用が必要ではないかとの見解であると理解できる.

とはいえ，限界原理の全面的な適用論には議論の余地がないわけではない．市場経済においては過剰と不足という需給の不均衡が不可避であり，その需給を動態的に調整する基準が平均原理にほかならない．限界原理では，「ゾンビ企業」の退出を迫るメカニズムが作用せず，競争を通した生産性向上が期待できないことになる.

ここで各論的な論点として，農産物を原料とするものの，土地を重要な生産手段としない加工食品の価格形成については，平均原理，限界規定のいずれが適用されるのかということがある．食品企業が消費生活において必需性の強い財を供給する限り，社会的需要量を満たすために最低限の生産・費用条件の企業の再生産が保証されなければならない．それゆえ，必需性の高い食品の価格形成においては全面的に限界規定を適用する余地があると考えられる.

ところで，佐伯（1987）が主張したように理論と現状分析には乖離がある．実際には，必需財である商品についても，市場で顕在化する総体としての需要は労働分配率・賃金水準によって大枠が制約される．過少消費条件のもとでは，消費者に潜在的ニーズがあったとしても，供給側は買い手を見出す困難に常に直面せざるを得ない．事実，日本の農産物価格は理論的な限界原理の価格を大きく下回り，小農の費用価格水準（C＋V）をも満たし得ない低水準にとどまった．このことが日本の低賃金構造を支える重要な基盤となる一方で，農業の縮小をもたらすこととなったのである[6].

価格形成において，平均原理ではなく限界規定を商品一般に全面的に適用すること，あるいは少なくとも食品に適用することの現実的妥当性については，さらなる理論的・実証的検討が必要である．とはいえ，政策論の立場からは，必需性の強い基礎的な食品については，消費者への安定供給を維持するために，限界原理にもとづく価格形成条件を確保・保証することが必須の課題とな

ることは言うまでもない．同時に問題なのは，そのことが消費者の支払能力との乖離を拡大する可能性が高い点にある[7]．

3．現代流通における価格形成の変容とチャネル・リーダー
──大規模スーパーの価格決定力を中心に

(1) 現代市場における価格形成力

ここまで，理論的な市場像の把握と価格形成，一部，農産物の特殊性を踏まえた限界原理の適用範囲について言及してきた．続いて，現代経済の市場構造と価格形成の主導者について，より具体的な把握に進みたい．

一般に，現代市場は，① 同質商品の取引に参加する多数の売り手と買い手が存在し，それらすべてがプライス・テーカーとなる自由競争市場，から，② 大規模化し圧倒的市場シェアを確保するにいたった独占企業がプライス・メーカーとして価格設定力を行使する独占市場，あるいは，③ 製品差別化戦略を採用する企業が部分市場でプライス・メーカーとしてのポジションを獲得する不完全競争・独占的競争市場，へと比重が移行してきたと理解される．もちろん，実際には今日の日本市場の構造はより複雑な様相を呈する．1つに，巨大化した寡占・独占企業が成立する一方で，いまだ企業数では大きなシェアを占める中小零細企業が多数，存続している．いま1つに，製品差別化戦略と市場細分化戦略が多くの企業によって広く採用され，一物一価の実現の前提である商品の同質性が成立する市場領域は狭まっている．ただし，多くの製品差別化はけっして完全なものではなく，商品の競合性や代替性を残している．こうして現代市場は，これら3つの基本類型とその多様なバリアントが併存する複合的な構造を持つものであると言える．

価格形成の変容要因を正確にとらえるためには，こうした市場の競争構造の変化とともに，よりファンダメンタルな要因である需給関係の不均衡に注目しなければならない．そうした視点に立ち，最近にいたる現代的な日本流通の変容を的確かつ具体的に見通していた論稿が中野（2005）である．需要拡大期であった高度経済成長時代には，需要の増加を受けて供給は相対的に不足基調と

なり，価格決定の主導権は売り手側に生じた．企業ではコストを積み上げ，これに利益を上乗せするフルコスト原則にもとづく価格設定方式が広く採用されたのである．しかしながら，需要が低迷する低成長時代，さらに日本経済のバブル崩壊後になると，デフレ圧力が強まり，商品価格の引上げは困難になり，低価格競争を手段とするシェア拡大志向の行動が広がっていった．さらに，2020年以降の現局面は，世界的な素材インフレ状態が続き，川上の売り手側からの価格決定における巻き返しが起こりつつある．「川上分野の原料価格連動型の値決めは，川下からさかのぼるデフレ圧力とどこかでぶつからざるをえない」のであり，「価格主導権をめぐる綱引きは激しさを増している」（同，34ページ）．この指摘は，まさに現在の価格転嫁を包含する市場問題の激化を的確に見通していたのである．

(2) 垂直的流通における小売企業の価格決定力と取引条件の多面性

さらに一歩踏み込んで，現代流通における価格形成のあり方をより実態に即して検討してみよう．その際，多段階に分化した垂直的流通構造を視野に入れなければならない．垂直的流通において登場する代表的プレイヤーは，生産・製造企業，卸売企業，小売企業，さらには消費者である．多段階流通では，それぞれの段階において売り手と買い手の間で取引価格が形成されるものの，当然，それらの各段階の価格形成は完全に独立しているわけではなく，相互に密接に連動している．多くの場合には，ある段階の価格が起点となり，その価格が派生する形で他の段階の取引価格が決定されることになる．

問題は，垂直的流通の価格決定において，いずれの段階に基軸的な位置が与えられ，その段階で主導的な役割を果たすチャネル・リーダーは誰か，ということにある．既存研究では，現代流通における価格決定上のパワーは，供給過剰化と小売企業の大規模化という2つの条件を基礎に，巨大製造企業から大手スーパーに代表される大規模小売企業に徐々にシフトしてきたとの理解が有力である．つまり，流通におけるチャネル・リーダーとしての地位を獲得した大規模小売企業のバイイング・パワーを基礎に価格が決定される領域が拡大して

きていると理解できる.

　例えば，金（2010），金（2011）は，メーカーから小売業者へのパワーシフトを実証的に分析している．坂爪（1999）や小野（2010）は農産物流通における小売パワーの高まりを指摘している．Kinoshita, Suzuki, and Kaiser（2006）および中央酪農会議（2007）では，乳製品市場を対象に酪農協・メーカー・スーパー間の垂直パワーバランスと水平的競争度を推計し，① 酪農協が持つ乳業メーカーとの力関係は最大でもフィフティ・フィフティであり，最小では「ゼロ対1」（ゼロは完全劣位，1は完全優位），② 乳業メーカーが持つスーパーとの力関係は「ゼロ対1」であり，消費者に最も近いスーパーが最も強いパワーを獲得し，メーカーなどの川上主体に対し価格決定上，圧倒的に優位な立場にあると結論づけている.

　ただし，ここで留意すべきは，チャネル・リーダーのパワー行使は，商品の取引価格に限られるわけではないという点にある．大規模小売企業が納入業者に対し発揮するバイイング・パワーは，取引ロットや契約期間，発注リードタイムと配送・納品条件，返品対応，協賛金などの商品価格以外の取引条件とそのコスト負担の決定において行使される．その結果，スーパー側にとっては，仕入価格と売価の売買差益のみならず，協賛金やセンターフィーが大きな利潤源泉となっている面が強まっている[8].

　公正取引委員会がまとめた「大規模小売業者との取引に関する納入業者に対する実態調査報告書」（2018）では，問題となり得る行為が確認された取引の上位3つの行為類型として，① 協賛金等の負担の要請，② 返品，③ 取引の対価の一方的決定（買いたたき）があげられている．また，センターフィーについて次のような回答があった．「総合スーパーからは，取引を行うために物流センターの利用が必要であると言われており，使わないという選択はできない．物流センターの使用に際してはセンターフィーを支払う必要があるが，その算定根拠は示されることなく，料金を提示されるだけで交渉の余地はない」．スーパーからの要求がいかに一方的で不透明であるかを示すエピソードである．こうした商品の売買価格以外の取引条件を介して，取引上の利益配分が修

正され，歪められている実態がある．

　なお，最近，顕在化しつつある商品調達面での環境変化について言及しておきたい．それは，巨大小売企業の低価格要求をはじめとするパワー発揮の基盤となっていた大量調達の優位性が揺らぐ兆しが見られることである．スーパーへの納入企業へのインタビュー調査からは，優越的地位の乱用に対する公正取引委員会の介入が有効に機能しバイイング・パワーの行使が抑制されているとの指摘があった．これとは別に，次のような国際的な市場条件の構造的変化が注目される．2020年以降，国際的な原材料の供給不足局面がしばしば出現する中で，輸入品の低価格調達が徐々に困難となりつつある．短期的な円安の影響もあるが，基本的には日本小売市場での価格低迷を受けて，商品の仕入原価を抑える必要性に直面する日本企業は，経済発展により購買力が高まる外国の企業との調達競争において「買い負け」となる事態が顕在化し始めている．国際需給が逼迫する供給不足市場条件下で，日本の巨大小売企業が大量仕入れによる低価格要求のパワーを行使する時代から，逆に大量調達を確保するためにはむしろより高価格を提示しなければならない時代への転換が着実に生じつつある．

(3)　小売企業の対消費者への価格戦略の特徴

　これまで述べた大規模小売企業のバイイング・パワーの発揮と価格決定上の主導性は，調達面に関する整理である．これに対し，対消費者の小売市場における価格設定力についてはどうなのであろうか．

　日本のスーパーの小売販売における価格設定行動は，基本的には需要志向のプライシングを採用していると言える．それは，スーパーがその業態成立時からその経営理念として消費者主権の実現に向けた「価格破壊」を掲げ，同時に，消費者の根強い低価格志向が存在することによる．低価格戦略には，HILO（High-Low Price）とEDLP（Everyday Low Price）があるが，日本では前者が一般的であり，低い値入率の特売が頻繁に展開されている．もっとも，スーパーのプライシングは商品別に異なったマージン率を適用するマージン・ミッ

クスを採用しており，いわゆる「1・6・3」商法では特売対象は1割にとどまり，決してすべての商品が特売されているわけではない．シェル（[2009]2010）によれば，世界最大の小売企業であるウォルマート・ストアーズの商法においても，NB商品のコーラの特売が行われているわけではない．大手小売企業であっても，強大なブランド力を有する巨大NBメーカーに対する価格交渉力には一定の限界がある．何よりも本来的に，小売企業にとってその仕入原価に販管費を加えた費用を下回る価格設定を，長期的に継続することが困難であることは明らかである．

　日本の小売市場構造をイギリスやオーストラリアなどの国のそれと比較すると，全国ベースの小売集中度は資本レベルではかなり高まりつつあるものの，その集中度はいまだ高位とは言えない．大手チェーンのほか中小零細チェーンが乱立する地域市場において，熾烈な業態内・業態間競争が展開されている．日本の人口減少により，小売企業にとって国内市場で事業活動を行う限り商圏としての優等地はますます希少化し，その限られた優等地での競争は激化し，その一方で過疎地では店舗撤退により買い物弱者問題が深刻化している．こうした状況下で，小売企業は，差別化戦略を模索しつつも，他の競合小売企業との熾烈な競争に直面することで，低価格訴求を重視する競争志向型のプライシングの採用を迫られている．

　以上見てきたように，日本の大手小売企業は，強大なブランドパワーを持つ一部のNB商品を除き，多くの商品の調達価格の決定においてバイイング・パワーを発揮する一方で，消費者に対する小売販売価格の決定では値下げ圧力に晒されており，最終的に，高いマークアップ率を実現できているわけではない．平均的なスーパーの営業利益率は3％前後の水準で低迷している．流通業の賃金水準が一般的に他産業と比較して低位であるのは，その帰結にほかならない．なお，一部の超巨大小売企業グループにおける高い利潤は，小売事業活動そのものではなく，不動産事業やフランチャイズ事業の収益によるものである．こうした事実を，やや乱暴に小売業を中心とする需要構造・産業構造・賃金構造としてとらえるならば，シェル（[2009]2010）が描写したような，小売

企業自らが採用する低価格販売，そして低賃金構造，それにともなう消費市場の縮小という負のループの存在が浮かび上がってくる．

4．消費者の購買行動の限定合理性と賃金からの絶対的規定性

(1) 消費者の購買行動の限定合理性と価格の意味

最後に，最も取引連鎖の川下に位置する消費者の購買行動と価格への反応について，最近の研究成果に依拠しながら若干の整理をしておきたい．

伝統的経済学は，商品の購入において合理的選択行動を採る，ホモエコノミクスなる消費者を想定してきた．標準的な消費者理論では，価格が変化すると，消費者は予算制約のもとで商品の効用を最大化する最良の数量の組み合わせを選択すると考える．しかし，この効用の評価自体，きわめて主観的かつ個別的なものでしかなく，一般化・社会化はできない．また，最近の実態に即して言えば，すでにテドロー（[1990] 1993）が指摘したように，マス市場から細分化市場への転換は着実に進行している．標準化された消費者の想定はますます，非現実的なものとなってきている．

価格が消費者の購買に与える影響を考える時，マーケティング論でしばしば用いられるのは参照価格の概念である．参照価格とは，購買経験を通して，消費者が心に刻む価格のことであり，これにもとづいて価格の適切さが判断され，購買の意思決定が下される．ここで重要なのは，消費者の市場ないし製品に関する知識と判断力はきわめて不完全性だという点にある．消費者が通常，価格は安いほうがよいと主張していても，実際には，それを合理的に判断できる能力を一般的な消費者は備えていない．塩沢（1990）が指摘するように，日本のような発達した経済では商品の種類は数百万から数千万もの膨大な数に達する．食品スーパーの平均的な品揃えは 1 万 SKU にのぼり，店舗が巨大な総合スーパーでは 10 万 SKU を超える．消費者が多数の商品の価格と効用を購入の都度，的確に判断すると考えることはあまりに無謀な想定でしかない．確かに，食品スーパーでの消費者の平均買い上げ点数は約 10 点にとどまるものの，衝動買いという非計画購買比率が高く，誘惑に満ちた小売マーケティング

第7章　価格転嫁問題から価格・取引・分配の公正さへ　141

に誘導された購買である側面が強い．要するに，製品差別化が進展し，小売マーケティングが強化・精緻化される環境下において，消費者の限定合理性は，より一層，強まっているのである．

　このほかにも，消費者の価格判断をめぐる攪乱要因は枚挙に暇がない．例えば，消費者は価格の安さを低品質シグナルとして受け止める傾向があり，これを逆手にとったのが名声価格戦略である．また，そもそも，消費者の購買の意思決定にとって非価格要因はきわめて大きな役割を果たしている．消費者がECの価格比較サイトを利用する場合，最安値を選択したのは半数以下であるとの研究結果がある．消費者が，価格よりもむしろ，配送サービス水準や口コミなどのコメントでの評価を重要視するからである．このように，消費者が店舗選択に始まり購買の意思決定を行うにあたって，品揃え，入手のための支出・負担，ロイヤルティ・信頼度などさまざまな非価格要因が重要であることは明らかである．

　最近の研究では，行動経済学者のセイラー（[2015] 2016）がいくつかの興味深い指摘をしている．その1つは，限界消費性向が所得階層によって大きく異なり，貧困層で最も高くなり，富裕層で最低となるという，効用の大小の所得階層性を指摘している．食品の場合，低所得者層ほど，その効用はより一層，大きくなるであろう．いま1つに興味深いのは，価格転嫁に関連する次の指摘である．値上げが消費者に受け入れられるか否かは，消費者がそれを公正と見るのか，不公正と見るのか次第である．それは，値上げにより誰が利益を得て，誰が損失を被るのか，に大きく左右されるのだという．例えば，「売り上げはユニセフに寄付されますという一文を付すことで，値上げは公正と判断する消費者が圧倒的多数となった」との実験結果をあげ，「コストが上昇したから値上げをするというのであれば，ほとんどすべての場合において公正だと受け止められる」（同，224-227ページ）とする．

　つまり，多くの消費者は企業には適切な利益を確保する権利があると考えている，というのである．だとすれば，消費者が労働条件や人権への配慮などの倫理的価値への関心を強める傾向の広がりにともない，賃金上昇を理由とする

価格転嫁が受容される余地は，徐々にではあるが，着実に拡張しつつあると考えられる．また，最近の日本のコンビニエンスストアにおける消費期限切れが迫った商品の値引き販売の広がりは，加盟店の収益改善と消費者にとっての価格メリットに加えて，食品ロスの削減という SDGs 視点に立った社会的課題解決に向けた公正な取組みとして評価されていることに基盤があると言うことができるであろう．

(2) 消費者の購買力を規定する所得と支出行動

とはいえ，無い袖は振れない．冒頭に述べたように，供給側にとって合理的な価格転嫁であっても，消費者の立場から受け入れがたいのは，言うまでもなく予算制約，つまり消費者の購買力に制約があるからである．日本の平均所得は，1992 年の 473 万円から 2014 年には 420 万円まで大きく減少した．特に先進国の賃金と比較すると，ひとり日本のみが横ばいで推移し，他の先進国との格差がいつの間にか 1.5 倍から 2 倍ほどに広がり，先進国中で突出した低賃金国に陥落した．また所得分布を示すジニ係数は，日本は 0.488 であり，格差が大きいと判断される 0.5 に近づきつつある．直近の賃上げが大企業を中心に見られるものの，全体として実質賃金はむしろ目減り傾向にあることは，すでに触れた通りである．消費者の購買力を下支えする賃金の引上げが，価格転嫁の実現とそれによるサプライチェーンの健全性と持続性を確保する上で不可欠の課題であることは，渡辺（2022a；2022b）が主張する通りなのである[9]．

所得階層別に消費支出にはいかなる特徴があるのであろうか．表 1 に示すように，2021 年の高所得世帯（第 5 五分位階層）と低所得世帯（第 1 五分位階層）との比較で，低所得層は年間収入で高所得層の 1/5，生活費にあたる消費支出で約 1/2 となっている．さらに，収入と消費支出の差額（税などの非消費支出，貯蓄・投資などの実支出以外の支出）は，高所得者層で 719 万円であるのに対し，低所得層ではわずか 1/24 の 30 万円にとどまる．つまり，所得格差は，富裕層における「見せかけの支出」である非実支出の増加を招き，結果的に実体経済との乖離を拡大している．それでは消費支出，特に食品消費支出の推移はどう

表1　五分位別所得階層の概要（2021 年）

	第 1 五分位 （～331 万円）	第 2 五分位 （331～454 万円）	第 3 五分位 （454～613 万円）	第 4 五分位 （613～851 万円）	第 5 五分位 （851 万円～）
世帯主の年齢 （歳）	70.4	66.4	57.4	52.8	53.4
年間収入 （万円）	255	390	531	723	1,209
世帯人員 （人）	2.38	2.59	3.02	3.26	3.39
有業人員 （人）	0.61	0.89	1.45	1.76	1.96
65 歳以上無職 者人員（人）	1.31	1.11	0.52	0.25	0.19
年間消費支出 （万円）	225	283	314	362	490

（出所）　三菱 UFJ リサーチ＆コンサルティング『経済レポート』2022 年 10 月 20 日．現資料は，
　　　　総務省『家計調査』．

か．2010 年から 2021 年の間に，消費支出は減少している一方で，食料消費支
出は増加している．その結果，エンゲル係数が全体として高まっている．ただ
し，階層別には，高所得者層で約 2 割にとどまるのに対し，低所得者層では 3
割ほどに達している．低所得者ほど，限られた所得の制約下で食生活を防衛し
ている実態が浮かび上がってくる．

　長期デフレ不況のメカニズムと消費者の消費支出行動との関連性を指摘して
いるのは小野（2021, 7 ページ）である．日本経済が「失われた 30 年」という
長期低迷に陥った最大の原因は，「資産選好」が「消費選好」に対し膨張し，
モノよりカネという本末転倒が生じてきたことにあるという．つまり，デフレ
長期化のメカニズムは「資産選好→モノが売れない→賃金下落→低価格競争→
物価下落→実体経済縮小」という負の循環から抜け出せずにきたことにある．
そうであれば，これを正の循環に転換するための政策は，賃上げを起点に，こ
れにより消費選考を高めることにあり，投資という資産選好に向かわせること
では決してないことは明白であろう．

おわりに——公正な価格・取引・分配関係の構築に向けて

価格転嫁問題を出発点に，価格問題の外側にある周辺的な領域に議論の範囲をあえて拡散する形で考察を進めてきた．そのため，取り上げた個々の論点について十分立ち入って考察することなく，いわば論点を列挙するにとどまるスケッチ的な整理となった．そうした限界があるものの，最後に，公正な価格・取引・分配の実現に向けた課題を仮説的に提示したい．

第1に，価格決定においては生産費原理に基底的役割が与えられる．価格が需要と供給の両面から規定されるとはいえ，長期的・マクロ的に，生産を誘導し，その持続性を確保する上で，需要原理ではなく生産費原理による価格決定が重要だからである．より具体的にマーケティング戦略の用語を使えば，短期的な視点に立つ需要志向や競合志向のプライシングではなく，長期的な視点を踏まえたコスト志向のプライシングが基本となる．とりわけ，農産物・食品については，その必需品的性格が強い限り，限界規定の生産費原理が適用される．もちろん，贈答用食品のような奢侈品は平均規定での価格形成となる．

第2に，価格のみならず取引条件全体の公正さが確保されねばならない．取引主体間での適正な利得の分配にとって，価格は最も重要な要素であるものの，実際には価格以外の多様な取引条件が軽視できない要素としてある．それらを包括した取引条件全体の公正さが求められる．こうした取引条件の多面性を踏まえる時，取引の継続性と信頼関係の持つ意味は大きい（丸山 1996）[10]．とりわけ不確実性が高まる現代的市場条件下では，適切な情報共有を基礎に変化する状況に応じた対応力を強化する上で信頼にもとづく関係性の有効性はますます高まっている．

第3に，供給の持続性確保のためには，現代の複雑化・多層化したサプライチェーン全体におけるさまざまなアクター間での公正な取引関係と分配が必要となる．企業経営レベルの動きとして注目されるのは，ステークホルダーの見直しである．リーマンショックを契機とする「株主至上主義」一辺倒から脱却し，多様なステークホルダーへの配慮に向けた転換が見られる．例えば，「三

方よし」に加え，最近では「七方よし」，従業員・取引先・顧客・株主／社会・地球・未来（孫子）という空間軸と時間軸を拡張したマルチステークホルダー方針を表明する企業が増えている．特に，ステークホルダーとして従業員や取引先に優先度をおく企業が出現しつつあることは注目される[11]．

　第4に，この点とも関連する労働分配率の見直しである．商品の使用価値・効用が消費者ニーズと合致することを前提に，価値実現できる商品量は最終的に需要要因によって規定される．需給接合における価格と数量の両面でのギャップを解消するための鍵が低賃金問題の解消と購買力の回復にほかならない．やや自明のことを確認したにすぎないものの，この問題の解決なくして，日本の企業と経済，社会の健全化の正の循環を回復することは困難である．その際，ここでは触れることができなかった資本市場の問題をふくめて，図4に

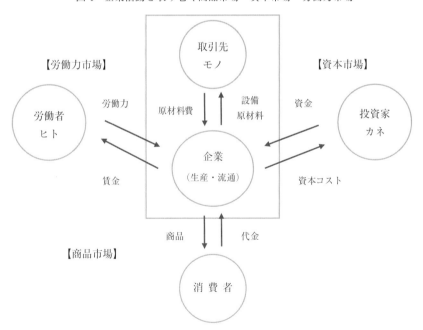

図4　企業活動を取り巻く商品市場・資本市場・労働力市場

（出所）　砂川（2008）：大橋（2021）を大幅に修正して作成．

示すような商品市場・労働力市場・資本市場の相互連関とそこでの価値分配の歪みに着目すると，資本市場の優位の市場構造から，商品市場と労働力市場への適正な配分がなされ実体経済の拡大につながる市場構造への転換が課題となっているということができる．

　第5に，食品に代表される必需財の入手のための購買力は最も低い所得層を基準に保証されるべきとの観点からは，労働力商品の価格決定には限界原理が適用されねばならない．しかし同時に，消費者に合理的選択を促すための価格以外の情報の十分な提供とそれによる承認・共感の獲得が課題となる．消費者が，農水業・食品製造業の現場を知ることを通して価格受容力を高め，食支出へのプライオリティを高めていくことは不可欠である．特に，食企業における労働は，食が必需財であり，さらに豊かさを提供する財であることから，エッセンシャル＆ディーセント・ワークとして消費者と社会から承認されなければならない．

　公正（Fairness）とは，社会を民主的状態に持っていきたいという人間の願い，であるという（國部 2020）．つまり，公正さの実現に向けては，静態的な市場均衡ではなく，主体間の連携への志向性をふくめた動態的な合意形成プロセスへの転換が展望されなければならない．政策論として，社会が経済的弱者を包摂し，それらの権利を守るための法，商慣行，合意，取引の透明性・公開性などの市場環境整備に向けたマーケットデザインが求められている（Vogel 2018）．

　付記　本章は，木立（2023）にまとめた論旨をベースにしつつも，基本的には，2023年11月5日に立命館大学 大阪茨木キャンパスにて開催された，日本流通学会全国大会での個別報告「価格転嫁問題に直面する中食サプライチェーン─公正な取引関係構築に向けた中食企業の経営課題─」の前半の理論的考察部分を文章化したものである．それゆえ，データや整理はすべて報告時点までに入手できたものとなっており，特に数値にかんするデータについてはそれ以後の更新がなされていないことをお断りしておく．

第7章　価格転嫁問題から価格・取引・分配の公正さへ　147

1) 「2024年の賃上げに向けた政府の取組」『首相官邸』では，こう述べている．
「我が国は，30年に及ぶデフレに悩まされてきました．コストカットが最優先さ
れ，賃金を含めた人への投資や，下請・取引先企業の納入価格，未来の成長につな
がる設備投資や研究開発投資まで削減されてきました．低い成長率と低い賃金の悪
循環から抜け出せず，デフレ心理がまん延し，更なる悪循環を招いてきました．」
(https://www.kantei.go.jp/jp/headline/chinage/index.html　2024年5月26日アクセ
ス).

2) 内閣官房は，2021年には「パートナーシップによる価値創造のための転嫁円滑化
施策パッケージ（令和3年12月27日）を公表した (https://www.cas.go.jp/jp/sei-
saku/atarashii_sihonsyugi/partnership/index.html　2024年5月20日アクセス).

3) 「イオンは，生活防衛意識の高まりを受け，お客さまの生活を応援するため，マ
ヨネーズや小麦粉などの生活必需品を含め，トップバリュの食料品の価格を，12月
31日（金）までを据え置きとし，値上げしないことをお約束します．」イオン株式
会社・イオントップバリュ株式会社「トップバリュの食料品『いまこそ！年内価格
凍 結 宣 言！』」2021年9月13日 (https://www.aeon.info/news/release_32969/
2024年6月20日アクセス).

4) 横川氏は，「日本の外食は世界の先進国の中でいちばん安い」ことを指摘した上
で，「安さの提供では力を発揮していますが，少し高いけれど高質なもの，豊かな
食事をつくるちからを失ってしまった」と述べている（『Food Biz』Vol. 121, エフ
ビー，2023年1月).

5) 限界規定の基準とは，限界地の平均的経営なのか，限界地の限界経営なのかをめ
ぐっても論争が展開されてきた．例えば，宇佐美（1984）は限界値の平均経営が基
準との立場を採っている．

6) 米の過剰問題の発生という現実を前に，古典的な農産物価格理論の破綻を主張し
たのは佐伯（1987）である．農産物価格論の抜本的な再構成の方向は抽象的な価格
理論・価値論と具体的な農産物価格の現状分析との峻別にあると指摘していた．本
章で立ち入っていないが，C＋Vの費用価格以下の価格決定の実態をどう理解する
のか，特に輸入品との競合という局面を分析するには，国際価値論を踏まえた検討
が必要になる．

7) 安藤氏は，最近のみどりの食料システム農政に対し，「消費者の責務」を定め，
消費者にコストアップの受け入れをお願いする点で消費者負担型農政となっている
と批判する．必要なのは，生産者の経費増や減収分に対する補償支払いの実施であ
ると主張する．消費者負担型農政の限界を踏まえる時，所得再分配政策，法人税課
税強化，金融資産課税の実施など農政を超える課題の必要性にも言及している．
「【農業協同組合研究会　報告】消費者負担型農政は限界　安藤東大大学院教授の報
告」JA Com, 2023年4月28日 (https://www.jacom.or.jp/noukyo/news/2023/04/230

428-66385.php 2024年5月20日アクセス）．消費者の支払能力とりわけ低所得層のそれを考慮すべきことは必須の要点である．

8) 公正取引員会（2018）『大規模小売業者との取引に関する納入業者に対する実態調査報告書』の調査結果を見ても，SMによる買い叩きがあるとの回答率は4.2%であり，価格決定における優越的地位の乱用が広く一般化しているわけではない．しかしながら，その一方でスーパーから納入業者に対し提示される小売側の売場改装やイベント実施時に一部，負担を求められる協賛金や，小売側の物流センターに納品する場合に請求されるセンターフィーなどの不当な，あるいは不透明な取引条件が大きな問題となっている事実が確認できる．

9) 渡辺氏とほぼ共通するスタンスから，賃金をふくむ低価格化がもたらす，より広範な弊害について列挙しているのは野口（2022）である．第1に輸出が実質的に日本の労働力の安売りとなっていること，第2に日本の優秀な人材は海外に流出し，海外からの優秀な人材確保が難しくなり，日本が「人財欠落国」となること，そして第3に国際市場でのモノの「買い負け」の深刻化である．これらの点は，巡り巡って食料の安定確保への支障となり，特に低所得者層にとって基礎的食品の確保が困難になることにつながる．

10) かつて丸山（1996）はこう述べていた．日本の取引の特徴は，① 取引条件とともに「信用」が重視される，② 慣行を基礎に取引関係が維持される，③ 契約書があっても，取引条件のすべてが明記されているわけではない点にある．つまり，取引主体間で状況に応じた契約の解釈，交渉過程における意見交換が重要なのである（同，260ページ）．こうした日本的取引方式の有効性は，取引費用節減，協調の醸成，そして不確実性への高い対処能力にある．その上で，取引パートナー選択にあたっては，過去の行動にもとづく取引当事者の信用・評判がきわめて重要であり，将来の利得を重視する時間的視野の長い主体を適切な取引先として選択することが必須の要件になるとする．

11) 新たなステークホルダー論の立場から，サプライチェーンの強靭化と持続性の強化に向けた動きの萌芽が見られる．工作機械オークマは，エネルギー費の上昇をカバーする「サーチャージ制」の導入，さらに取引先（協力会約115社）のベアについても負担し，人的投資を支援するという取組みを進めている（『日本経済新聞』2023年4月25日号）．

参 考 文 献

浅田統一郎「ネオ・リカーディアンの差額地代理論の数学モデルについて」，塩沢由典他編『経済学を再建する—進化経済学と古典派価値論』，中央大学出版部，2014年

阿部真也『現代流通経済論』，有斐閣，1984年

阿部真也「価格政策」，阿部真也・但馬末男・前田重朗・三国英実・片桐誠士編著『流通研究の現状と課題』，ミネルヴァ書房，1995 年

石井順蔵『流通におけるパワーと対立』，千倉書房，1983 年

伊藤元重「価格転嫁　及び腰の日本」『日経 MJ』2022 年 9 月 26 日号

宇佐美繁「政策米価の考察」『農村と都市をむすぶ』11 月号，1984 年

大石雄爾「価値・価格理論とマルクス経済学の進化」，日本大学経済学部『経済科学研究所紀要』第 31 号，2001 年

大橋弘『競争政策の経済学―人口減少・デジタル化・産業政策―』，日経 PB・日本経済新聞出版，2021 年

岡部洋實「価値概念の再考」『季刊　経済理論』第 53 巻第 2 号，2016 年

小野雅之「米の価格動向と流通再編―川下のバイイング・パワーの強まり」『農業と経済』76(12)，英明企画，2010 年

小野善康『資本主義の方程式―経済停滞と格差拡大の謎を解く』，中央公論新社，2021 年

小幡道昭「マルクス経済学を組み立てる」，東京大学経済学会『経済学論集』第 80 巻第 3-4 号，2016 年

木立真直「小売主導型流通システムの変化とサプライチェーンの構築」『フードシステム研究』16(2)，2009 年

木立真直「デフレと食関連産業―川下デフレ・川上インフレ下での食品関連企業の対応方向」『日本フードサービス学会年報』(16)，2011 年

木立真直「ネットワークとしての流通と関係性の拡張―流通マイオピアからの脱却に向けて―」，木立真直・齊藤雅通編著『日本流通学会 25 周年記念出版プロジェクト第 4 巻・製配販をめぐる対抗と協調』，白桃書房，2013 年

木立真直「生鮮食品の公正な価格を考える―公正な取引関係の構築に向けた政策・戦略課題―」『農業と経済』2023 年冬号，昭和堂，2023 年

金昌柱「食品産業におけるチャネル関係の変化とその産業組織論的考察」，大阪市立大学経営学会『経営研究』60(4)，2010 年

金昌柱「小売パワーと流通のパワーシフトに関する実証分析―食品産業における試論的分析―」『社会システム研究』第 22 号，2011 年

國部克彦「公正価値はどのような意味で公正か：会計専門家の理解と誤解」『日本情報経営学会誌』Vol. 40 No. 1/2，2020 年

栗原百寿「農産物政策価格と生産費」『農業統計研究資料』第 17 号，統計研究会（『昭和後期後期農業問題論集⑪　農産物価格論』農山漁村文化協会所収），1955 年

公正取引委員会『大規模小売業者との取引に関する納入業者に対する実態調査報告書』，2018 年

小林哲「有名性の世界における商業」『流通理論の透視力』，千倉書房，2003 年

佐伯尚美「農産物価格論の破綻」，東京農業大学農業経済学会『農村研究』第 64 号，
　　1987 年

坂爪浩史『現代の青果物流通―大規模小売企業による流通再編の構造と論理』，筑波書
　　房，1999 年

佐久間英俊「日本における流通・サービスの現状と政策課題」，中小商工業研究所『中
　　小商工業研究』第 157 号，2023 年

佐藤和憲・木立真直・清野誠喜「青果物の卸売市場流通における取引慣行」『農業経済
　　研究』第 89 巻第 3 号

塩沢由典『市場の秩序学―反均衡から複雑系へ』，筑摩書房，1990 年

塩沢由典「古典派価値論のリドメイニング」，塩沢由典他編『経済学を再建する―進化
　　経済学と古典派価値論』，中央大学出版部，2014 年

杉本栄一『近代経済学史』，岩波書店，1953 年

杉本栄一『近代経済学の解明（上）』，岩波書店，1981 年

杉本栄一『近代経済学の解明（下）』，岩波書店，1981 年

砂川伸幸『日経文庫コーポレートファイナンス入門』日本経済新聞社，2008 年

中央酪農会議「飼料高騰で酪農経営が悪化，全国の酪農家が国民理解醸成で緊急活動」
　　『Japan Dairy Council』No. 512，2007 年

高橋伊一郎『農産物市場論』，明文書房，1985 年

竹野太三『経済学の基礎　価格理論』，東京大学出版会，2017 年

田村正紀『流通モード進化論』，千倉書房，2019 年

中野元「現代における価格と独占価格論」『立命館経済学』第 53 巻第 5・6 号，2005 年

新山陽子『フードシステムの構造と調整』，昭和堂，2020 年

新田滋「マルクス経済学と限界原理（一）」『専修大学経済学論集』第 117 号，2014 年 a

新田滋「マルクス経済学と限界原理（二）」『専修大学経済学論集』第 118 号，2014 年 b

新田滋「マルクス経済学と限界原理（三）」『専修大学経済学論集』第 119 号，2014 年 c

野口悠紀雄「円安という「麻薬」　弱めた成長力」『朝日新聞』2022 年 10 月 2 日号，
　　2022 年

花田仁伍『農産物価格と地代の論理―農業問題序説―』，ミネルヴァ書房，1985 年

丸山雅祥「垂直的取引の調整とリスク対応」，石原武政・石井淳蔵編『製版統合』，日
　　本経済新聞社，1996 年

溝上孝夫「独占概念と競争論の展開に関する一考察」，九州大学大学院経済学会『経済
　　論究』第 60 号，1984 年

森口千晶「日本は「格差社会」になったのか―比較経済史にみる日本の所得格差―」，
　　Discussion Paper Series A No. 666，一橋経済研究所，2017 年

渡辺努『物価とは何か』，講談社，2022 年 a

渡辺努『世界インフレの謎』，講談社，2022 年 b

渡辺努「デフレ脱却への"追い風"値上げと賃上げの好循環を生み出せ」『Wedge』Vol. 34 No. 11，2022 年 c

渡辺努『物価とは何か』，講談社，2022 年 d

Kinoshita, J., Nobuhiro Suzuki, and H. M. Kaiser, "The Degree of Vertical and Horizontal Competition Among Dairy Cooperatives, Processors and Retailers in Japanese Milk Markets", *Journal of the Faculty of Agriculture Kyushu University*, 51(1), February 2006

Shell, E. R., *Cheap: the High Cost of Discount Culture*, The Penguin Press, 2009（エレン・ラペル・シェル／楡井浩一訳『価格戦争は暴走する』，筑摩書房，2010 年）

Tedlow, R. S., *New and Improved: Story of Mass Marketing in America*, Butterworth-Heinemann Ltd., 1990（R. S. テドロー／近藤文男他訳『マス・マーケティング史』，ミネルヴァ書房，1993 年）

Thaler, R. H., *Misbehaving: The Making of Behavioral Economics*, W W Norton & Co Inc. 2015（リチャード・セイラー／遠藤真美訳『行動経済学の逆襲（上)』，早川書房，2016 年 a，リチャード・セイラー／遠藤真美訳『行動経済学の逆襲（下)』，早川書房，2016 年 b)

Vogel, S., *Marketcraft: How Governments Make Markets Work*, Oxford University Press, 2018（スティーヴン・ヴォーゲル／上原裕美子訳『日本経済のマーケットデザイン』，日本経済新聞出版社，2018 年）

三菱 UFJ リサーチ＆コンサルティング経済レポート，2022 年 10 月 20 日

第8章　コンビニの発展を巡る論点についての考察

塩　見　英　治

はじめに──コンビニの生誕・発展の経路・特徴・要因について

　著者は日本の「コンビニ」について，多角的な観点から考察し，新書の『コンビニがわかれば現代のビジネスが見えてくる』にコンビニの要点をまとめた．「コンビニ」についての学術書は少ない．コンビニは日本の小売業を先導するだけに，この点では疑問が残る．本書をまとめるにあたって，いくつかの論点が浮き彫りにされた．以下，それらの論点を巡る状況と考え方について考察してみよう．第1に，日本の「コンビニ」の生誕と発展の経緯・特徴・要因についてである．欧米諸国との小売業の展開についての比較も求められる．第2に，独占禁止法のもとで，許容された24時間営業やドミナントの事業運営，仕入れや割引の取引などに関する慣行のあり方である．日本の独占禁止法の経過と特徴を踏まえ，これらの取引慣行の仕組みについての考察を行う．第3に，主に，需要飽和の打開策としてとられた戦略のPBについての論点である．コンビニの他の小売業との差異について，その経過と特徴についての論点である．第4は，アジアを中心にエリアライセンススキームのもとで，コンビニの展開が見られるがなぜか．その動向と特徴，日本との異同の理由の指摘が必要となる．

　小売業は欧米では，主導を百貨店→スーパーの経路をとっているが，日本では，スーパーとコンビニの発展経路を並行か，コンビニ先行で主導をとっている．最近のコンビニには，社会的役割が重視され，社会的インフラの役割をも

持たされようとしている．小売業の発展過程を考察してみよう．欧米の小売業の発展過程には，3つの分水嶺があるという[1]．第1は，18世紀の半ばから後半にかけての産業革命を背景にした時期である．都市化とモータリゼーションが進展した．この頃の小売業は百貨店が中心であった．百貨店の展開の始まりは，フランスに見られる．また，社会運動の一環として，生協設立の機運もあった．第2は，20世紀以降の高度産業社会の時期で，小売業は仕入れと販売の機能的分業が進展し，チェーンストア方式が定着し，量販店が主導する．スーパーの全盛の時代である．モータリゼーションの進展と都市化とが相まって，スーパーが郊外に立地し，人々は，冷蔵庫の普及もあり，まとめ買いをするようになった．小規模な店舗は近隣にあったが，買い忘れ，臨時の買い物の場所としての補助的存在であった．第3は，20世紀末以降のデジタル社会で，通販などの販売方式が普及する段階である．

　後進国であった日本は小売業の展開に関しては，キャッチアップの発展経路を辿る．明治期に，百貨店の一時的発展はあるが，本格的な百貨店の発展は第2次世界大戦後の1950年代になってからである．ついで，総合量販店がチェーンストアの経営組織革新を掲げて興隆するのは，1950年代末から1960年代のはじめの段階である．その後，量販店がメーカーとの協調的商品開発，マスマーチャンダイジング・システムの構築のもとに流通革新をともなって発展する一方，1970年代以降，コンビニが進出し発展した．コンビニは，米国モデルを一部模倣しつつも，大部分が独自に改造した事業展開であった．以後，景気変動に影響されつつも，スーパーなどの量販店とコンビニの競争は続く．競争の結果コンビニは躍進し，一方，百貨店の売り上げは低迷する．20世紀末になると，欧米と時を同じくして，ICT革新を生じ，e-コマースが台頭し，通販が進展する．なお，この段階にあっても，戦略を生かし，コンビニが健闘を見せるのが日本的特徴である[2]．

　コンビニの設立前の1960年代後半は，スーパーなど量販店が大型化し高度の多角化を展開した時期であった．スーパーの急成長は，問屋のチェーン化などによるものだった．大手のスーパーは，大店舗規制法で，都市部での立地が

制約されていたため，法の壁を破り，小回りのきくコンビニの経営が進出を果たす．1974年のセブン-イレブンに続き，1975年にダイエーのローソン，1978年に，西友のファミリーマートが設立された．セブン-イレブンのコンビニは，アメリカのビジネス方式の導入であった．一部は模倣したが，大部分は，経営風土に合うように改良された．最初は，イトーヨーカ堂に在籍していた鈴木敏文氏がリーダーを務めた調査団の米国調査を踏まえての導入であった．アメリカでは当時，コンビニはスーパーの補完的地位にあった．自動車社会での郊外の立地で，あくまでスーパーの買い物の補充的存在であったが，日本の場合は特殊な事情があった．日本には，当時本格的なスーパーが存在していなかった．1974年に大規模小売店舗法の規制がなされたが，当時は前近代的な零細小売業が存在していた．この間隙をぬって，米国のチェーンオペレーションだけを模倣する日本独自のコンビニが誕生したのである．イトーヨーカ堂は，サウスランド社と提携し，3つの方針を打ち出している．その後のコンビニも，各社，試行錯誤が続いた．導入当初は「年中無休の長時間営業」「日用品や最寄り品の定価販売」「FC方式」などが導入された[3]．その後，やがて，営業時間は24時間無休制度に変更された．設立後の物流や情報の変革での先導的戦略などで躍進し，2000年を境に需要飽和論が出たが，それも，ライフスタイルの変化に符合する積極的なPB戦略で打開し，小売業を先導して今日にいたっている．

　このように，設立時の経緯には，1979年制定の大店法が絡んでいる[4]．一方，発展の契機には鈴木敏文氏のリーダーシップ，ライフスタイルに影響を与える社会構造の変化とそれにマッチするライフスタイルの変化が作用している．こうしたことから経営学で取り上げるリーダーシップの機能と役割を考察し，ついで，鈴木氏の経営哲学について考察を行う．さらに，近年のライフスタイルとそれに対応する戦略について考察を行う．

　セブン-イレブンはコンビニ経営において先駆をなす．イトーヨーカ堂の鈴木敏文氏が，アメリカのサウスランド社から輸入した．同社は多角経営で，当時行き詰まりを見せるコンビニ経営の輸出を意図する．プッシュ要因に，スー

パーの補完としての海外への発展への期待，プル要因に，国内の大規模店舗規制への打開をコンビニ経営に求めることができる．鈴木敏文氏はやがて，セブン-イレブンの統帥となる．業界の先駆とともに，業界でリーダーシップを発揮する．経営学でリーダーシップとは，責任を持ち信頼を得て，仕事を指揮するか，自ら仕事を率先して遂行することを意味するが，彼は，それを組織の展開の中に求めた．基本的にトップダウンではあるが，MD，OFC，FC などの，現場に直結した組織を通じて行う[5]．彼のリーダーシップは，経営哲学と経営戦略の中に活かされている．表1は鈴木敏文氏が統括するセブン-イレブンが先行的に導入した戦略の一覧である．

　セブン-イレブンが成長を続ける要因の1つとされる「世の中の変化に対応し，絶対の追求」を命題に掲げ，その命題を社員全員が問題意識として持つように仕向け，実践にあたって，仮説を立てて検証する手順を踏んで，それぞれの業務に携わるように徹底されている[6]．その変化などへの対応は「過去の経験を捨てる」ことによって実現されるとし，クリステンセンのイノベーションの変革の思想につながる面を持つ[7]．また，「客の立場に立つ」ことも重視され，このために，時代とともに変化する客の価値観がどこにあるかの心理を読み取ることが重視される[8]．経営戦略も，「やたら安売だけはやめ，高付加価

表1　鈴木敏文・セブン-イレブン先行着手の戦略一覧

戦略事項	着手年
ドミナント	1974 年の創業以来の方針 2019 年全国 47 都道府県
1 日 24 時間年中無休	1975 年 6 月
ベンダー集約化，共同輸送体制	1976 年 9 月
POS システム	1982 年 10 月
公共料金の収入代行	1987 年 10 月
温度別管理体制	1988 年 11 月
アイワイバンク銀行による店内 ATM	2000 年 5 月
プレミアムによる PB 開発	2000 年

値商品を売る」ことを追求し，アメリカのサウスランド社などの小売り販売での安売りの失敗の教訓が生かされており，後のセブン-イレブンの商法のブランドにもつながっている[9]．躍進の中核をなすのが物流革新である．仕入れ単位を小さくした「小口配送」とメーカー，ベンダー，本部が協力し配送を集約した「共同配送」は戦略の核をなし，商品の特性に合わせた「温度別管理」の先駆的発展をなした[10]．発注の精度を上げ在庫管理と販売情報の把握に貢献する「単品管理の徹底」，「POSの導入による物流情報システム化の整備」も大きな改革の貢献だった．POSはアメリカ発祥であったが，不正などの防止の目的から，在庫管理，顧客情報管理との一体化を図った[11]．優越的行為で批判を浴びることが多い「ドミナント経営の追求」も先駆的に導入しているが，これも，物流改革の一環であり，小口輸送体制のもとでの生産性向上にかなうとしている[12]．操業間もない頃から現在までの24時間無休の運営も，顧客重視の利便性にかなうためのこうした経営哲学から出ている．売り上げの頭打ちを打開する決め手となる大きな戦力の1つであった．PBのセブンプレミアムにつながる商品開発も，イトーヨーカ堂時からのグループ企業の所産とはいえ，コンビニでは先駆的である．若い客層や新規の客を取り込み，高齢者の単身をも包括しているが，それらの客のライフスタイル・ライフサイクルの変化にかなう戦略と言える．こうしたことから，セブン-イレブンの成功要因として，PB開発・販売につながるバリューチェーンを高く評価する見方もある[13]．新事業の先駆は，1987年頃の「公共料金の収納サービス」，1990年頃の「ATM」の着手と2005年にセブン銀行と改組する前身の2001年のアイワイバンクの誕生」と続く[14]．これら金融事業は客のニーズと店での販売の商機に合わせたものであった．1983年，淹れたてコーヒの販売も先駆をなした．2000年頃には，他の大手も，こうした戦略に追いつき，横並びの戦略となる[15]．

　第2段階のPB戦略は需要の飽和への打開として打ち出される戦略であるが，より模倣されやすい戦略と言えよう．鈴木敏文氏によるリーダーシップの発揮はトップダウン的であるが組織運用を通じて行われ，リーダーシップと組織運用の相乗が見られる．また，寡占市場では，M. E. ポーターが示唆してい

るように，同質的市場で，キャッチアップされやすい環境もある．この段階で
は，他社の戦略も積極的で，差別化が難しくなっている[16]．新しい戦略が模索
される．

1．独占禁止法とコンビニ

独占禁止法の正式名称は「私的独占の禁止及び公正取引の確保に関する法
律」で，公正かつ自由な競争を促進し，事業者が自主的な判断で自由に活動さ
せるようにすることが目的である．昭和22年7月に，民主主義社会を支える
経済基盤を形成するための措置の一環として施行された．占領下のアメリカの
統治のもとで，アメリカの反トラスト法を摸して導入された．アメリカでは，
19世紀後半，独占資本の支配の進展下，自由競争の結果発展した大企業を放
任したことで，むしろ，自由競争が阻害される事態を招いており，連邦政府は
公正競争を図り，一連の反トラスト法を制定し，独占資本の活動を規制するこ
とを図った．反トラスト法は1890年に制定されたシャーマン法，1914年に制
定されたクレイトン法，同年に制定された連邦取引委員会法を中心としてい
る[17]．

コンビニに関して，法律上，優越的行為などで争点となるのは，本部とフラ
ンチャイズ加盟店の間での問題である．日本には，個別にフランチャイズ法が
ないために，直接の関わりは，独占禁止法と中小小売商業振興法である．関連
で，下請法もあるが，フランチャイズにおいては，本部と加盟店は契約上，独
立対等の関係なので，主従関係を問う下請法とは関わりはない．中小小売商業
振興法は中小小売業の近代化を目的としているが，1956年7月に施行された
下請法は大手の親方企業の下請け企業に対する優越的行為を抑制し，公正な競
争関係を築くことを目的としている[18]．日本のコンビニの運営形態の特徴の1
つは，大手コンビニでは，フランチャイズの占める比率が高いことである[19]．
他の運営形態の類型には，直営店，レギュラー・チェーン，ボランタリー・
チェーン，代理店・特約店などがある．識者によって，区分の定義が多少違う
が，直営店が本部としてチェーンを持ち，社員を派遣して運営をするのに対し

て，レギュラー・チェーンは単一資本で，同一のチェーン名で，統一したイメージで運営している店舗の運営形態である．レギュラー・チェーンが直営店と異なるのは，一応，独立した採算のもと，個別責任で運営する事業形態として，筆者は識別している．ボランタリー・チェーンは個別責任でも異なる経営主体同士が結合して，販売機能を店舗で事業を展開するとともに情報源を本部に集中することによって組織の結合を図り，仕入れ，販売などに関する戦略が本部に集中的に編成される運営と考えている．代理店・特約店は特定の事業者との特約によって，その系列化に入り一定の地域における特定の販売権を付与され，その当該事業者のマーケティング戦略に積極的に協力する運営形態である．独立の運営形態であるのが直営店と異なる．以上に比べてフランチャイズは，本部と加盟店との個別の経営体で営まれ，その経営体には自己責任制が高い．加盟店は本部との間に，垂直的結合の共存関係がある．加盟店は本部から，ブランドと看板，経営のノウハウ，経営指導と援助を受ける．本部はこれに対して，対価として，一定のロイヤリティを支払う．本部に支払うロイヤリティの算出方式には，「粗利益分配方式」「売上分配方式」「一定金額方式」などがあるが，コンビニでは，「粗利益分配方式」が多い[20]．コンビニでは，本部が指導し，売れ筋の商品の仕入れ，売り上げの運営の指導をすることが一般的である．一応，仕入れ方式は相互の契約に従う．コンビニ会計では，売り上げの原価に，売れ残りの廃棄分を含ませない点，廃棄ロスのほとんどを加盟店が負担するのは紛糾の種になり，また，この関連で，スーパーのように在庫調整のために勝手な割引ができない点も，紛糾の種になる[21]．

　コンビニの場合，独占禁止法との関連で，大きな争点になるのは，表2で見るように，年中無休24時間営業，見切り販売の制限，ドミナント戦略，団体交渉権の付与などであった．

　人手不足もあって，過酷な店主などの就労状態が調査結果にも示されているように，裁判上の争点となってきた．2018年の経済産業省の調査では加盟店で従業員が不足している回答が61％，人手不足あるいはぎりぎりの状態という回答が95％になっている[22]．このことから，店主やその配偶者が睡眠を削

表 2　独占禁止法上，争われた主な争点

争点となった主な項目	違反関連の可能性	裁　定
ドミナント	優先的地位の乱用	基本的に契約に合致，取引改善の要請
24時間年中無休営業	独占禁止法違反，労働環境の悪化，労働者の認定類	基本的に契約に合致，改善の要請
値引き・仕入れ制限	優先的地位の乱用	基本的に契約に合致，排除措置命令

りながら，就業しているのが実態であると指摘されていた．2019年にはセブン-イレブン東大阪で，時短を強行する加盟店が出た[23]．裁判上の係争となったが，契約に年中無休24時間営業が交わされており，これは本部からの一種の看板，ブランドの供与であることから，オーナーの訴えは退けられた．とはいえ，過酷な就労実態もあり，最近はこれを緩和する動きも見られる．見切り販売も，本部からの売れ行きの良い推奨商品の影響に左右されている．契約では，選択の余地があり，必ずしも義務でないとしている．やたら割引しない基本的方針，余分な在庫を出さない方針も左右している[24]．ドミナント戦略は鈴木氏自体も効率運営で推奨できるとしており，契約上の説明に違反しているとは考えない．団体交渉権も加盟店の店主は労働者でなく，独立の経営者とみなすことから，その権利はないとする[25]．だが，韓国のように，横断的な総合的労働組合が強い労働不足の傾向が強い環境の国では，就業時間についても，選択制の緩和策がとられている[26]．

　今後は，日本でも，労働力不足の傾向から，この点での緩和の方向を辿るであろう．見切りも，部分的には出ている．ドミナントもいささかの手加減も見られる．今1つ，争点になるのは，契約の更新である．約定の上で，契約期間が切れるのは当然であるが，加盟店オーナー側は事業継続を前提に就業しているのに，確たる理由もなく，不当に契約期間で満了にされるのはたまったものではない．このために，フランチャイズの加盟店の保護条項などを細かく定めたフランチャイズ法の定めを要するという考え方もある[27]．日本では，優越的運営に関わるものとして独占禁止法の他に中小小売商業振興法があるが，中小

小売業の振興と保護を目的としているだけに，必ずしもフランチャイズに焦点を当てているわけではない．しかし，法の専門家の中にも，別途，フランチャイズ法の定めがあると，経営運営が硬直的になり，現行の法律でも，適正に運用すれば，理想に叶う考え方もある[28]．

2．コンビニの PB

PB 商品の定義と出現の背景

PB の定義は，メーカーのブランドを意味する NB に対比し，プライベートブランドの略称で，小売業・卸売業者が企画し，独自のブランド（商標）で販売する商品であるとされる[29]．だが，これだけでは不十分である．メーカーでなく，消費者に近い関連機関が，単独か連携で企画する商品である認識が必要である．消費者主権が強くなり，実需に近い関係機関が主導し，消費者のニーズに沿って，ブランドの構築を図る商品であり，多段階の取引コストの省略により，オリジナルに安く最終商品を提供される商品であるという認識が必要である．対比は，全国バースで販売するナショナル・ブランドとの間でなされる．時代的には，一般に小売業では，1960 年代から食品，日用品を中心に増加してきた[30]．それ以前は，通常，小売業の品揃えは，ナショナル・ブランドと呼ばれるメーカー自らが企画・開発・製造した商品が多かった．

PB が伸びてきた背景には，消費の低迷と低所得者の増加による低価格志向の高まりや，高齢化のもとでの高齢の年金受給者の価格への敏感性，原料価格高騰にともなう商品価格値上げへの抵抗感の増加の勢いなどがある．そのほか，流通チャネルにおける小売業などの交渉力の向上などがあげられる．初期の増勢は，イトーヨーカ堂やイオンなどで見られた．卸売・小売の交渉力優位は，初期に，グループでの業態に見られたが，次第に，企業単位の交渉によって実現する．

PB 開発は契機と目的別に類型化し，整理できる．一般に，契機については，① NB 商品の販売価格を巡る衝突、② 景気の後退による低価格需要の拡大，③ 小売店舗間の競争の激化．PB 開発の目的については，① 寡占的製造

業の価格設定権の奪取，②消費者の低価格需要への対応と粗利益の確保，③顧客吸引のための戦略商品（店舗差別化）があげられる[31]．

　コンビニでの展開はどうであろうか．2段階の過程を辿る．スタートはグループ企業の主導のようである．すなわち，1980年代にイトーヨーカ堂グループのセブン-イレブン，ダイエーグループ企業が着手し展開している．やがて，2000年以降には，大手の他のコンビニが，軒並みPBを使った戦略を打ち出している．2度のオイルショックやバブル崩壊による景気低迷期にはあたる．とはいえ，一貫して，売り上げ低迷ではない．コンビニの売り上げは1990年代前には好調であったが，2000年前後には日販が伸びず，需要飽和期に入っている[32]．

　一般に，景気低迷，業界の業績低迷期の産物ととらえられるが，コンビニでは著しい不況期とは言えない，やや，需要の停滞期である．戦略もPOSシステム，物流戦略などが平準化し，差別化の要素が少なくなった．こうしたことから，新たな段階での戦略対応と言える．ライフサイクルの変化から，人々の購買行動も変わる．コンビニでは1990年代から，食品，日用品への購入傾斜が見られる．顧客層もこれまでの中年の男性を中心にしていた顧客から，需要飽和の打開策として，低所得層の増加による低価格志向の高まりや，年金生活に入る高齢者の価格や品質に対する敏感性，女性の社会進出をとらえた市場の開拓が重視された．また，原料の高騰にともなう商品価格つり上げへの抵抗，技術進歩による商品の品質の底上げ，小売店の交渉力の向上も背景にあったと言えよう．

　大手コンビニのPB展開の特徴であるが，大幅な業界の売り上げの落ち込み，大幅な消費の不振の要素はない．需要飽和で，戦略的に差別化がなくなり，戦略が業界で平準化している段階で進んだと言える．セブンプレミアムに代表されるように，一律に，低価格とは言えないものも注目すべきである．最近のコンビニでは，高価格で，高品質の商品の販売も見られるようになっている．だが，一方，ローソンのような一部の大手，セイコーマートのような中小コンビニは廉価なPB商品も提供している．こうしたことから，全体として見

第8章　コンビニの発展を巡る論点についての考察　163

れば，所得の上位の階層に対応するプレミアムと，中位，低位の階層に対応す
る廉価品の提供の状況があるかもしれない．つまり，所得格差に相応した消費
の二重性があると言えるのではないか．また，コンビニでは，PB に絡み，地
域性のある商品項目が増えていることも特徴的である．だが，近年，PB は日
本でも普及しているが，国際的に見ると，日本の PB の普及は遅れていると言
われる[33]．

　それでは，コンビニにおける PB 商品のメリット・デメリットは何であろう
か[34]．メリットとしては，消費者にとっては，NB 商品と同様，もしくはそれ
以上の品質を持つ商品を安価に獲得できること，小売業の立場としては，ブラ
ンド・エクイテイ商品の多くの提供，高い粗利益の獲得があり，製造業には，
余剰ラインの活用，コストの削減の促進，売り上げの安定などの効果があげら
れる．大手，寡占企業にとっては，規模の経済が発揮できるので有利である．
一方，デメリットとしては，消費者にとっては，商品の選択肢が狭まる，小売
業にとっては，在庫の高いリスクとロット数の制約，製造業にとっては，NB
商品とのバランス，NB 商品の価値の低下，利益率低下のリスクなどがあげら
れる．

　それでは，どのような層が，利用者として多いか．2011 年の日本経済新聞
社の調査で性別，年代別に利用者を見ると，女性は 20 代と 60 代が多く，男性
では 20 代と 30 代が多い．2007 年以前には，NB 商品と比較して品質が低い評
価だったが，2008 年から 2009 年には，NB 商品に品質が近い評価に変わり，
2010 年以降には，低価格商品だけでなく上級のものも市場に登場，高い評価
を受けるようになっている[35]．

　コンビニで，多様な PB 戦略を展開しているのは，コンビニ業界で売り上げ
高 2 位のローソンである[36]．ローソンの PB 戦略には，早期の着手と店舗の種
別，ライフスタイルに合わせた品揃えに特徴づけられる．ローソンのさまざま
な形態のコンビニ店舗として，まず，主に主婦・中高年者をターゲットにし，
生鮮食品や日用品を均一価格にし，PB 商品などを提供するローソンストア
100 がある．さらに，主に，20～30 代の女性や健康志向の人をターゲットに，

健康志向の PB 食品などを取り揃えるナチュラルローソンがある．さらに，地域ごとのニーズに対応した PB 商品や生鮮食品，惣菜を取り揃えるローソンプラスがある．多様化するニーズに対応するための集中店舗である．普通店舗では，今までにあまり来店しなかった主婦，女性をとりこむために，一流店にひけをとらないプレミアムのロールケーキなどのスイーツを提供している．これらは，原料メーカーと共同開発し，素材などにこだわって生産している．「モンドセレクション金賞」などを受賞し，これを宣伝媒体に使用し，好評を得ている

　これに対して，セブン–イレブンはどうか[37)]．同社の PB は商品力の展開の戦略に結びついている．セブン–イレブンの PB 戦略は，やはり先駆的であり，プレミアムなど知名度が高い．また，組織力が効果を発揮しているのが特徴的である．セブン–イレブンの強みの1つは，商品力の高さである．飽くなき探究心で，品質の向上に努めている．その推進力の核になるのが，本部のチーム MD（マーチャンダイジング）の商品開発担当である．原材料メーカー，製造メーカー，ベンダー，包装メーカーなどの協力・仲立ちをして，商品開発を進める．また，グループの商品知識や開発ノウハウを結集して開発を進めるのが特徴的である．そこには，シナジー効果が発揮される．スケールメリットを生かした海外調達の促進，グループ商品力の強化，生鮮食品など，共通インフラの活用である．海外調達の促進のために，2021 年に海外調達部が設立された．グループ商品力の強化では，事業会社の垣根を越えた商品開発を可能にしている．共通インフラについては，2020 年の新会社ヨークを活用し，イトーヨーカ堂，ヨーク，シェルダンの3社の連携の強化を図っている．ヨークが推進する店舗フォーマットは「ライブ感」「地域対応」の色を出す「標準型」，品揃えの幅の見直しを重視する「都市型」，価格訴求，生産性の向上を重視する「価値対応型」，売場面積の最大化，売場・バックルームの効率化を課題にする「中・小型」に分類し，客のニーズに合った店舗づくりを機動的に進めている．

　PB 戦略の展開例として，セブンプレミアムがあげられる．それは，2007 年

にはセブン＆アイグループのグループ独自の共通 PB として発足した．当初の
アイテムは 49 であったが，価格優先の PB イメージを払拭した．2020 年度の
グループの国内売り上げ約 7 兆 4600 億円のうち，食品売り上げは約 4 兆 6700
億円と約 6 割を占めている．この商品売り上げのうち，大きく貢献しているの
が「セブンプレミアム」である．その比率は，食品売り上げの約 25％とされ
る．年間で売り上げが 10 億円以上の商品が，デイリー日配食品で 202 アイテ
ム，飲料・酒で 51 アイテム，菓子で 25 アイテム，加工食品・雑貨で 22 アイ
テムとなっている．急速に変化する社会環境の中で，新たな価値創造として，
「環境対応」「健康対応」「上質商品」「グローバル対応」の視点を重視する．環
境対応では，完全循環型ペットボトルを活用した飲料を開発し，健康対応では
パッケージでの内容表示に努める．上質商品の開発は将来に向けても品質の向
上のために，MD が大きな役割を務める．この関連では，2010 年から，ワン
ランク上の質を持つ「セブンプレミアム　ゴールド」がスタートした．グロー
バル対応では，中国，香港，マカオ，台湾，シンガポールのグループ店舗など
で，菓子や加工食品，雑貨などが販売されている．英語表記の説明文はある
が，パッケージは日本のデザインである．

　「セブンプレミアム」の質向上に向けての取組みにあたって，特徴点とし
て，次の点をあげることができる．第 1 に商品開発にあたって，「ベンチマー
ク（目標／指標）」の考え方を取り入れ，客観的な商品分析にもとづいて，新商
品のクオリティを作り上げている点．第 2 に，商品開発はグループ各社の開発
担当者であるマーチャンダイザーを結集したプロジェクト体制で，それぞれの
業態や売場からの情報や商品トレンドなどの情報を共有しながら開発を進める
ことで，開発現場と販売現場の距離を縮めている点．第 3 に，セブン–イレブ
ンが自主商品の開発にあたって培ってきた「見える化」の手法を取り入れるこ
とで，全員が同じ視点で開発過程を共有できるようにしていること．主観に左
右されやすい味においても，ベンチマークを用いた商品分析と標準化された商
品開発プロセスによって，科学的に検討し，客観的に評価できる体制を作って
いる点である．

ニーズ変化への積極的な対応と市場創造にも特徴が見られる．新規商品の開発と並行して，「セブンプレミアム」は既存商品のリニューアルも積極的に行っている．少子高齢化の進展と，単身世帯の増加，女性の社会進出にともなう共働き世帯の増加など，購買行動の変化に対応するため，常に品揃えとクオリティの見直しを続けている．また，人気の商品においても，飽きられないように商品を見直している．「セブンプレミアム」は，売場変革，そして新規客層の獲得にも成果を上げている．2008 年に始まった小容量の冷凍食品は，セブン-イレブンに女性客層の拡大をもたらした．従来のすぐ食べられるお弁当や調理パンなどを主軸としていたセブン-イレブンの売場の中で，調味料，冷凍食品などの販売機会を拡大したのである．「セブンプレミアム」は，このように売場革新もリードしてきたと言える．

次に，ファミリーマートはどうであろうか[38]．同社はコレクションごとに集約し，スイーツなどにも力を入れていることが特徴づけられる．ファミリーマートの新 PB ブランドは 2021 年からの「ファミマル」で知られている．合計 800 種類ある．これ以前の PB ブランドは日用品，菓子，加工食品などの「ファミリーマートコレクション」，惣菜や日配品，冷凍食品などの「お母さん食堂」，高付加価値帯の「お母さん食堂プレミアム」の 3 種だった．スイーツなどにも力を入れていた．その後「ファミマル」の名のもとに PB を集約し，商品の広範にわたる質の向上，ブランド力の強化・発言力強化を狙う．2024 年までに PB 売り上げ比率 35 ％以上を目指すとしている．「おいしい」，「うれしい」，「安心」を追求した商品開発で，弁当や惣菜，飲料や日用品など，幅広い品揃えを展開している．

このように，2000 年以降，大手 3 社の PB を巡る同質的競争が盛んになっており，この面での差別化に飽和が見られる．新しい取組みは店内調理と，地域商品の展開である．大手のローソンは厨房の店内比率を高めている．統合前の吸収した企業の経営の気風を継承し，店内調理での「できたて」という付加価値を高めている．ローカルのコンビニの店内調理で，よく知られているのが，セイコーマートの「ホットシェフ」であり，人気があり名高い[39]．これは

一種の差別化であり，特に，固定の顧客を引きつけるものになっている．大手コンビニでも，ローソン以外，ファミリーマートやセブン-イレブンも，できたてを増やそうとしている．ファミリーマートは四国で焼きたてピザを導入した．注文を受けてから冷凍ピザを専用オーブンで焼き上げ4分程度で提供する．日販が増えたという実績もある．だが，他の商品の売り上げのスペースが減ることから，促進するかどうかについて論議がある．

　また，地域の産品ブランドの展開も，PBブランドの価値の発揮に活かされている[40]．マーケテングもこの方向で重要性を増している．このブランド力を高めるには，価値戦略として，ストーリーの明示化とコミュニケーションの徹底を必要とする経験価値戦略，ITやロジスティックなどを活用して価値の差別化を図る品質価値戦略，商品カテゴリーの中の特定ニーズに絞り込んだサブ・カテゴリーの創出を図るカテゴリー価値戦略，新たに創造された市場での新製品である独自価値（先発）戦略があるという．ブランドによるコンビニでの地域の開発商品の開発には，地域内のメーカー，卸売，地区のMDとの連携が求められた．その代表格の商品が，カップ麺のラーメン，おにぎり，おでん，からあげ弁当であった．

　一方，需要に合わせたヒット商品も開発される[41]．各種の「焼きたてパン」や「中華まん」である．前者は焼成工場の増設と配送ステムの改善，後者はレジ横の簡単な什器の設置に支えられている．最近は，北海道・札幌や兵庫など地方の一流菓子店とコラボと監修のスイーツも人気を呼んでいる．中には，価格が比較的高いプレミアム商品も，人気を博している．このように，コンビニはPBによる戦略を地域特性に活かしている．

　だが，コンビニは差別化の切り札で新規市場を開拓したが，大手各社ともPB商品に力を入れており，内容，品揃えに差が見られる．差別化の決定打になるかどうか，もう少し経過を見なければならない．

　海外でのコンビニのPB戦略はどうか．海外での事業展開は，基本的には，エリアライセンスの方式が一般的である．看板，ブランドを引き継ぎ，事業展開そのものは，その地域の経営になる．そのため事業展開は，地域密着性があ

る．特に，食文化は地域に根ざしている．現地化への対応が求められる．メーカー，卸売の連携も，系列でまとめやすいい地域もある．それらは提供商品にもこれが反映している．やはり，競争が激しい国や地域もあり，自ずと競争は地域に根ざした PB 商品の開発，新製品の開発に向けられるようになっている．売れ筋の商品も，PB であるのが特徴的である[42]．日本の PB 戦略は第 2 段階の戦略と言えるが，横並びになるキャッチアップも容易である．差別化できる有効な戦略手段が求められる．

3．日系コンビニの海外展開

2000 年以降，アジア中心に日系コンビニは進出と展開を果たしている．背景には，それらの国の経済成長，それにともなうライフスタイルの変化，さまざまな国の規制の緩和，国際情勢の変化があった．コンビニ方式はアメリカのサウスランド社からの輸入であり，同社は多角経営の中，経営の失敗を辿るが，日本への輸出はスーパーの補完経営のコンビニの低迷での経営打開策の一環であったが，手詰りの経営を立て直したのは輸入したイトーヨーカ堂の鈴木敏文氏である．経営破綻したコンビニ経営の再建が，海外展開での本格的な出発点となっている．すなわち，逆輸出の形で，1991 年に始まった[43]．単品管理を徹底し共同配送などの物流改革，商品力の強化，店舗の責任力の強化を図ったが，ドミナント店舗が不足し，メーカーの支配の壁を崩せず，旧経営人と改革を進める日本から派遣されたスタッフとの意見と意識の相違から，改革を根付かせることはできなかった[44]．

日系コンビニの海外展開は表 3 のように，次の 3 つの段階を経ている[45]．

第 1 段階は，現地コンビニの発展と混在する 1980 年代末から 1990 年代初めにかけての韓国，台湾，香港への進出である．韓国はコンビニの経営に積極的であった．台湾の店舗数は多く，2000 年代の前半には，世界でコンビニ密度が最も高い国になっている．第 2 段階は，2000 年以降の中国と ASEAN 諸国への進出である．最初は北京や上海などの都市部への進出であった．中国は2000 年に伊藤忠がセブン-イレブンに進出を持ちかけたのがきっかけであ

第8章　コンビニの発展を巡る論点についての考察　169

表3　日系コンビニの海外進出

2020 段階	時　期	該当進出国・地域
第1段階	1980 年代末～1990 年代初め	台湾，韓国，香港
第2段階	1990 年代末	中国，ASEAN 諸国
第3段階	2020 年代	インド，発展途上国

る[46]．2010 年代の初めには，コンビニの上位4社が本格的な事業を展開している．以上のように，アジアでの発展は早期に進出した韓国，台湾とその他の地域に2分される．背景には，自由化と規制緩和などがある．2010 年代半ばには，中国の地方都市に大手コンビニが進出するにいたっている．2020 年代以降は第3段階で，日系コンビニの国際展開は広域化し ASEAN 諸国や，インドなどの新興発展国に及んだ．中東への進出も見られる．中国も，内需拡大の必要から，地方に店舗を拡大させるようになっている[47]．欧州には，一部，北欧地域への進出は見られるが，欧州では，基本的に日系コンビニは不在である．小売業の営業慣習，宗教や社会慣習の相違などにもとづくと思われる．

　アジアでの事業形態の特徴は基本的に，エリアライセンス方式で，これに資本参加で合弁が絡む[48]．事業形態を分類すると，直営店，フランチャイズ方式，エリアライセンス方式などに分かれる．直営は直接の本部の出資のもと，本部から店舗にはマネージャーが派遣されて営業を行う．これとは異なり，フランチャイズ方式は本部との契約による法人，あるいは事業主の独立加盟店の運営であり，本部から指導と支援を受け経営のノウハウを取得し，その代わりに本部に，一定のロイヤリティと保証金を支払う．これとは異なり，エリアライセンス方式は各国の企業に経営を完全に任せ，ロイヤリティの額の制約も少なく済む営業上の利点がある．看板だけを借用し，運営は任せられる店舗経営を柔軟に行い，店舗数の拡大のスピードも速い．すなわち，日本で一般的なフランチャイズ方式と異なる．その理由は何であろうか．この点が論議になる．第1は，メーカー，卸を統括できず，一貫した運営体制が取れないこと．第2に，国営企業や規制の多い営業上の障害から，参入と展開が自由でなかったこ

とである．第3は現地に応じた品揃えが，環境と習慣からできないことなどである[49]．海外は社会環境や習慣が異なる．特に，食生活に独自性が見られる．日本でも，フランスのスーパーが進出したが，日本人にあった品揃えに苦心した．日本には，中間卸の市場（イチバ）がある．こうしたことから，現地対応のための地方都市に店舗のチェーンを拡大するように対応することが課題になる．組織統制，社員サービスの撤退については，社員教育が求められる[50]．DIX，無店舗販売も，Amazon go などで進展しているが，接客のきめ細かい対応なども求められるようで，必ずしもうまくいっていない．先行きが注目される[51]．

4．競争環境とコンビニ

　日本の小売業の発展では，コンビニの売り上げの成長が著しい．他の国では，スーパーなどの量販店の健闘がいまなお見られる．アメリカのコンビニの発展過程では，スーパーなどの補完的存在である．日本では，人気度で首座の地位にある．大手コンビニも，合併経過で今日の寡占的地位があるが，この中にあって，地域的なローカルコンビニ企業でも，急進的に売り上げを伸ばしている大手コンビニの類似の企業が存在する．消費者の人気は高い．1つは，北海道に営業の拠点をおくセイコーマートである．今1つは小型スーパーのマイバスケットである．いずれも，24時間営業ではないが，多店舗で品揃えがよく，廉価で商品を提供し利便性にかなっている．小口のロットで効率的運営を達成している[52]．

　特に，セイコーマートは大手コンビニと次の点で共通性がある．① 創業は早く，セブン−イレブンの2年前．前身は酒の卸のチェーンである．② 物流革新も貫徹．ただ，顧客情報はことごとく，POS依存だけでなく，カード情報で分析し，マーケティングなどに活かしている．そのために，会員を誘導するカード情報を通している．③ 商品開発は盛んで，PB商品が多い[53]．これは，メーカー，卸売の一体化によるもので，グループ，子会社化を通し，運営コストの低下とともに実現している．相違点では，今後のコンビニの発展を占う点

で示唆に富む．セイコーマートもマイバスケットも，①廉価な価格の商品を提供できる効率的経営を達成している．②地域密着が強く，セイコーマートは北海道といった一定地域を中心に展開し，新鮮な地元の特徴ある食材を提供し，北海道も過疎地を含む広範な販売ネットワークを形成している．③営業時間は長いとはいえ，客の実情に合わせ，24時間ではない．利便性を維持しつつ，人手不足への対応と廉価での商品の対応で，将来のコンビニのあり方を示唆している[54]．

　将来的に，人口減少が進み，モータリゼーションの利便性を手放す傾向の中，郊外の立地の量販店でも顧客数は減っている．イトーヨーカ堂も最近，郊外の店舗数を減少させている[55]．都心の再整備も，駐車場の制約などで厳しい．コンパクトなまちづくりも容易ではなく，公共交通の充実も求められる．

　欧米でも，量販店もモールも，小型店を出店する傾向が高まっている[56]．背景には，消費者行動の変化がある．都市部への人口減少，車への離反[57]，ライフスタイルの変化である．これまで，一般的だった週末に家族で郊外の大型店に出かけて買い物をする傾向が薄れている．日本はこれに加えて，高齢化が進展し，この傾向に拍車がかる．コンビニの厳格な営業形態も変わるであろう．こうした傾向の中で，小売業の業態，営業形態は大きく変わっていくと思われる．

1)　矢作（2021），18-21ページ．
2)　矢作（2021），22-52ページ．
3)　川邉（2023），11ページ．
4)　同法は地域環境の保護を重視して大型店を規制・調整することを目的としていた．当時，零細の小売業もそれなりに存在し，その近代化も要した．
5)　鈴木著，緒方編（2018），223-226ページ，緒方（2013），102-103ページ．
6)　鈴木（2016），153-176ページ，鈴木著，緒方編（2018），83-85ページ．
7)　鈴木（2016），41-61ページ．クリステンセン（［1997］2001）．
8)　鈴木（2016），108-114ページ．
9)　鈴木（2016），84-85ページ．
10)　鈴木（2016），37-39ページ．
11)　鈴木（2016），109-114ページ．

12) 鈴木（2016），37-39 ページ．

13) http://note.com，http://www.amazon.co.jp，歴代の社長の碓井氏の見解にも示される．

14) 鈴木（2016），67-82 ページ．

15) 鈴木（2016），104 ページ．

16) ポーター（［1985］1995），4-14 ページ．

17) 松下（1996），7-17 ページ．

18) 川越（2001），62-63 ページ．一方，下請け法は戦後の制定後，経済や産業構造の変化にともなって，繰り返し改訂がなされてきた．改正は令和元年，平成 28 年，平成 25 年，平成 21 年と行われ，主に，調査協力減算制度の導入，課徴金の算定方法の見直し，確約制度の導入などの改正が行われてきた．

19) フランチャイズ・システムは，1985 年以降，売り上げ，店舗数共に伸びている．バブル期に続き，その後のバブルの崩壊の後遺症に悩んでいた時期も成長が続く．川越（2001），59-60 ページ．

20) 塩見（2024），16 ページ．

21) 塩見（2024），168-169 ページ，木村（2020），61-64 ページ．

22) 経済産業省，2018 年調査（https://www.meti.ryutsuu.biz）．

23) 木村（2020），32 ページ．

24) 木村（2020），69-78 ページ．

25) 木村（2020），128-140 ページ．

26) キム（2021），21-23 ページ．

27) 木村（2020），172-206 ページ．

28) 川越（2001），215-216 ページ．

29) 梶原（2016），74 ページ．

30) 塩見（2024），64 ページ．

31) 大野（2010），50 ページ．

32) 需要飽和の概念は曖昧であるが，一般に日販で示される売り上げの停滞で示され，収益率の低下を必ずしも意味するものではない．

33) 梶原（2016），98 ページ．

34) 塩見（2024），64-65 ページ．

35) 日経新聞調査（https://www.nikkei.com　2012 年 7 月 24 日）．

36) 梅澤（2020），215-228 ページ．

37) セブン-イレブンの企業資料（2022），20-30 ページ，株式会社セブン＆アイホールディングスの企業資料（2017），（2022）による．

38) 塩見（2024），76 ページ．

39) 塩見（2024），188-189 ページ．

第 8 章　コンビニの発展を巡る論点についての考察　173

40)　佐々木・石川・石原（2022），167-187 ページ．
41)　梅澤（2020），157-174 ページ．
42)　塩見（2024），87 ページ．
43)　川邉（2023），104-148 ページ．
44)　川邉（2023），141-145 ページ．
45)　川邉（2023），149-366 ページ．
46)　鈴木（2014），201 ページ．
47)　川邉（2023），231 ページ．
48)　川邉（2023），418-423 ページ．
49)　川邉（2023），432-435 ページ．
50)　川邉（2023），429-445 ページ．
51)　AI の駆使が見られるが，客が少ないのは人による接客がないことなどによるのか
　　もしれないが，原因は今少し経過を見ないとわからない（https://business.nikkei.
　　com）．
52)　塩見（2024），182-186 ページ．
53)　塩見（2024），187-189 ページ．
54)　塩見（2024），189-191 ページ．
55)　https://toyokeizai.net，大量閉店イトーヨーカ堂の記事．
56)　川邉（2023），282 ページ．
57)　日本だけでなく，欧米での最近の若者の車離れは環境意識だけでなく，節約意
　　向，公共交通の改善によると考えられる．

参 考 文 献

秋本敏男「セブン-イレブン・ジャパンの競争優位戦略」『経営論集』第 47 号，1998
　　年 3 月
阿部智和・山口博之・大原亨「セイコーマート：独自性の高いビジネスモデルの確
　　立」（Discussion Paper, Series B），No. 2019-171，北海道大学大学院経済学研究院，
　　2019 年 a
阿部智和・山口裕之・大原亨「セコマ：コンビニから総合流通業への転換」（Discussion
　　Paper, Series B）No. 2019-03，北海道大学大学院経済研究院，2019 年 b
飯島大邦編著『人口と公共政策』（中央大学経済研究所研究叢書 79），中央大学出版
　　部，2022 年
池田満寿次「有力コンビニ「セイコーマート」に見る PB 戦略—PB が担う役割と消
　　費者流通への示唆」『流通情報』47(1)，2015 年
伊藤岳洋「大手コンビニエンス・ストアの戦略が招いた同質化競争」『SPN JOURNAL』，

2020 年

碓井誠「小売業のグローバル展開とセブン-イレブンの成功要因」『グローバルビジネスジャーナル』2015 年 1 巻 1 号

梅澤聡『コンビニチェーン進化史』, イーストプレス（イースト新書）, 2020 年 2 月

占部都美『リーダーシップと行動科学』, 白桃書房, 1970 年

大野尚弘『PB 戦略』, 千倉書房, 2010 年, 50 ページ.

緒方知之『鈴木敏文のセブンイレブンウエイ』, 朝日新聞出版, 2013 年

金尾龍・小室匡「地域密着型コンビニの競争戦略—セイコーマートの事例研究」『開発論集』第 77 号, 2006 年

笠井清志『コンビニのしくみ』, 同文舘出版, 2006 年

梶原勝美『ブランド発展史』, 専修大学出版部, 2016 年

川越憲治『フランチャイズシステムの法理論』, 社団法人商事法研究会, 2001 年

川邊信雄『日系コンビニエンス・ストアの国際展開』, 文眞堂書店, 2023 年

木立真直・佐久間英俊編『現代流通変容の諸相』, 中央大学出版部, 2019 年

キム, リーナ「韓国コンビニストアの発展過程と新興型コンビニストアの出現」『流通』No. 48, 日本流通学会誌, 7 月, 2021 年

木村義和『コンビニの闇』, ワニブックス（ワニブックス PLUS 新書）, 2020 年

コンビニ加盟店ユニオン＋北健一『コンビニオーナーになってはいけない』, 旬報社, 2018 年

佐々木茂・石川和男・石原慎士『新　地域マーケティングの核心』, 同友館, 2022 年

塩見英治『コンビニがわかれば現代のビジネスが見えてくる』, 創成社, 2024 年

鈴木敏文『挑戦わがロマン』, 日経ビジネス, 2014 年

鈴木敏文『変わる力：セブン-イレブン的思考法』, 朝日新聞出版, 2016 年

鈴木敏文著, 緒方知之編『商売の原点』, 講談社文庫, 2018 年

橋本陽子「コンビニ・オーナーの労働者性—フランチャイズ契約と労働法」『日本労働研究雑誌』, 2017 年

日本経済新聞社・産業地域研究所『市場飽和説に挑むコンビニ—新しいニーズを探る—』（調査報告書）, 日本経済新聞社, 2011 年

松下満雄『アメリカの独占禁止法』, 東京大学出版会, 1996 年

矢作敏行『コマースの興亡史』, 日本経済新聞社, 2021 年

Christensen, Clayton M., *The Innovator's Dilemma: When New Technologies Cause Great Firms Fall*, 1997（玉田俊平監訳『イノベーションのジレンマ—技術革新が巨大企業を滅ぼすとき』, 翔泳社, 2001 年）

Porter, Michel Eugene, *Competitive Strategy: Techniques for Analyzing Industries and Competition*, Free Press, 1985（土岐坤・中辻萬治・服部照夫『競争優位の戦略』, ダイヤモンド社, 1995 年）

執筆者紹介（執筆順）

金 度渕（キム ドウヨン）	客員研究員・大阪商業大学総合経営学部教授
鎌田 修全（かまだ まさよし）	客員研究員・静岡県立農林環境専門職大学助教
河田 賢一（かわだ けんいち）	客員研究員・常葉大学経営学部教授
佐久間 英俊（さくま ひでとし）	研究員・中央大学商学部教授
斯波 照雄（しば てるお）	客員研究員・中央大学名誉教授
井上 真里（いのうえ まさと）	研究員・中央大学商学部教授
木立 真直（きだち まなお）	研究員・中央大学商学部教授
塩見 英治（しおみ えいじ）	客員研究員・中央大学名誉教授

グローバル競争の進展と流通・都市の変容
　　　　　　　中央大学企業研究所研究叢書　45

2025 年 3 月 15 日　初版第 1 刷発行

編著者　　佐久間　英俊
　　　　　　木立　真直
発行者　　中央大学出版部
代表者　　松本　雄一郎

発行所　〒192-0393 東京都八王子市東中野742-1　　中央大学出版部
　　　　電話 042(674)2351　FAX 042(674)2354

© 2025　佐久間英俊　ISBN978-4-8057-3244-1　　電算印刷株式会社

本書の無断複写は，著作権法上での例外を除き，禁じられています．
複写される場合は，その都度，当発行所の許諾を得て下さい．